Karl Kull • Überlebt

MEDu

Karl Kull

Überlebt

Bibliografische Information der Deutschen Nationalbibliothek
Die Deutsche Bibliothek verzeichnet diese Publikation in der Deutschen Nationalbibliografie; detaillierte bibliografische Daten sind im Internet über http://dnb.ddb.de abrufbar.

www.medu-verlag.de

Karl Kull
Überlebt
Erinnerungen
2. Auflage 2010

Dreieich bei Frankfurt/M.
Lektorat: Carl Thormann
Titelbild: Karl Kull
Umschlaggestaltung: Vanya Kostadinova (im Verlag)
Printed in Germany

ISBN 978-3-938926-90-1

Um Gottes Willen! Noch so ein alter Mann, der glaubt, die Menschheit könne ohne seine Erinnerungen nicht überleben.
Veit Heinichen, Der Tod wirft lange Schatten

Februar 1941 - Mai 1944

Reichsarbeitsdienst

Am Vormittag des grauverhangenen 5. Februar 1941 versammelten sich mehrere Dutzend junge Männer des Jahrgangs 1922 mit Gepäck und einigen Angehörigen in Frankfurt/Main vor dem Südbahnhof in Sachsenhausen. Ich wurde von meiner Mutter begleitet, Vater konnte sich nicht freinehmen. Wir alle hatten Einberufungsbefehle zum Reichsarbeitsdienst erhalten und harrten nun auf dem Bahnhofsvorplatz der Dinge, die auf uns zukommen sollten. Es bildeten sich schnell Grüppchen, man unterhielt sich, und plötzlich tauchten uniformierte Arbeitsdienstleute auf, deren graubräunliche Bekleidung eher Ähnlichkeit mit der des technischen Notdienstes hatte. Besonders militärisch schaute sie jedenfalls nicht aus.

Wir wurden mit schrillen Trillerpfeifen um absolute Aufmerksamkeit gebeten. Dann wurden wir angewiesen, unser Gepäck zu nehmen und den Uniformierten auf den Bahnsteig zu folgen. Dort wurden wir innerhalb kürzester Zeit in bereitstehende, alte, hölzerne Dritte-Klasse-Waggons der Deutschen Reichsbahn verladen. Zum Abschiednehmen blieb wenig Zeit. Unser Fahrtziel war, wie alles in Kriegszeiten, geheim.

Der Zug setzte sich nach Westen in Bewegung. Der Frankreich-Feldzug war gewonnen – eigentlich konnte nichts schiefgehen. Im Gegenteil, die Begeisterung war groß, der Wiederaufbau in den besetzten französischen Gebieten lief auf vollen Touren. Der Reichsarbeitsdienst, als Ersatzarmee gedacht, übernahm diese Aufgabe. Tausende junge Deutsche wurden aus ihren Lehr- und Arbeitsverhältnissen herausgerissen, um Dienst fürs Vaterland zu leisten und damit weitere Waffengänge vorzubereiten. Um nicht im Gefängnis zu landen, hielt ich den Mund. Obwohl mein Vater schon damals der Meinung war, dass der Krieg verloren gehen würde.

Noch in den Abendstunden des ersten Tages erreichten wir den kleinen Bahnhof einer uns noch unbekannten Stadt. Nach der Entladung machten wir unter Anleitung der uniformierten Herren einen Fußmarsch in die Quartiere, der partout nicht enden wollte. Unser Ziel war, wie wir am nächsten Tag erfuhren, die ehemalige französische Oberschule der Stadt Diedenhofen (Thionville) an der Mosel in Lothringen. Die Schule wurde nach der Besetzung durch die deutsche Wehrmacht dem Reichsarbeitsdienst zugewiesen und leidlich renoviert. Wir waren die ersten Nutzer. Bereits die Einkleidung und die Einteilung war von unendlich vielen Maßregeln und Anweisungen begleitet.

Der wichtigste Teil der Schule war der übergroße Hof, wo zwei Tage später der Drill seinen Anfang nahm. Statt der Gewehre hatten wir Spaten. In Friedenszeiten symbolisiert der Spaten das Werkzeug zur Bearbeitung der Scholle. Damals markierte er den Übergang zur Waffe.

Die größte Gruppe des Arbeitsdienstes bildeten die Arbeitsmänner, zu denen auch ich gehörte. Innerhalb der ersten sechs Monate konnte man höchstens zum Vormann befördert werden, es sei denn, man verpflichtete sich weiter. Von den Kameraden, die ich kannte, blieb keiner beim Reichsarbeitsdienst. Und später wurden ohnehin alle zur Wehrmacht eingezogen.

In Aktion traten nun die Herren Truppführer Heinrich und Obertruppführer Pick. In den nächsten vier Wochen machten wir reichlich Bekanntschaft mit dem Kasernenhofboden – „Sprung auf, marsch, marsch" und zurück in den Dreck. Picks Masche war es, auf den Knien rutschen und den Spaten in Vorhalt nehmen zu lassen. Unter der Oberaufsicht von Unterfeldmeister Kirchner, Feldmeister Schweitzer, Oberfeldmeister Langen und schließlich Oberstfeldmeister Klein konnten uns Heinrich und Pick ausgiebig schikanieren und demütigen. Wehren konnten wir uns nicht und es blieb nur die Hoffnung auf ein baldiges Ende. Dieser Dienst dauerte etwa sechs Wochen.

Erwähnt sei noch Verwaltungschef Vetter, zuständig auch für Küche und Verpflegung. Der kleine, aufgedunsene Wicht im Range eines Leutnants war immer auf Trapp und generell nur für den Herrn Oberstfeldmeister und sonst für niemanden zu sprechen. Sein besonderes Anliegen war die Kontrolle von Küche, Speisekammer und der Lebensmittelvorräte und das Wichtigste für ihn war reichliches, gutes Essen und Trinken, wie er es in der Offiziersmesse bekam und was ausschlaggebend für seine Friedfertigkeit war.

Nach der Grundausbildung begannen wir umfangreiche Erdarbeiten für den Bau von Bunkern und unterirdischen Lagern, strategisch wichtigen Einrichtungen der Wehrmacht, außerhalb des Ortes Diedenhofen. Andere Kameraden wurden zur Bergung abgeschossener deutscher und feindlicher Flugzeuge abkommandiert. Man fragte mich nach meinem erlernten Beruf und schickte mich zum Dienst in die Schreibstube. Hier war das Leben einigermaßen erträglich und ich wurde sehr darum beneidet, obwohl ich weder von der Verpflegung her, die keineswegs hervorragend war, noch finanziell irgendwelche Vorteile hatte. Unser kärglicher Sold war schnell ausgegeben, entweder durch zusätzliches Essen oder beim Spiel. So mussten die Eltern einiges Geld nachschießen, damit ich wenigstens an den seltenen freien Tagen mit den Kameraden in die Bistros der Stadt gehen konnte. Meistens jedoch waren wir durch die nächtlichen Fliegeralarme, die uns in den Kellern festhielten, ziemlich kaputt. Das war die Zeit, in der Reichsmarschall Hermann Göring großspurig verkündete: „Ich will Meier heißen, wenn jemals ein feindliches Flugzeug die Luftsperrzone West überfliegt". Diese Zone wurde später von Tausenden von feindlichen Bombern und Jagdflugzeugen passiert – das Volk munkelte und mein Vater sagte, dass Göring jetzt Obermeier hieße.

In einem Diedenhofener Bistro habe ich eines Tages die junge Französin Lea Duchereux kennengelernt. Sie sprach sehr gut deutsch und konnte großartig tanzen. Obwohl sie immer recht früh zu Hause sein musste, schafften wir es, uns häufiger zu treffen. Sie erzählte mir, sie sei lothringischer Abstammung und den Deutschen freundlich gesinnt, obwohl ihr ihre Eltern den Umgang mit deutschen Soldaten, einschließlich der Männer vom Arbeitsdienst, verboten hatten. Unser Verhältnis war rein platonisch, außer Küssen und Streicheln ist nichts gewesen, vielleicht auch, weil unsere Trennung nicht lange auf sich warten ließ. Unsere Abteilung wurde ohne lange Ankündigung – es war ja alles geheim – Mitte Mai 1941, bei Nacht und Nebel nach Metz verlegt. Mit Lea wechselte ich noch zwei, drei Briefe, dann war unsere Beziehung endgültig zu Ende.

In Metz bezogen wir Quartier in der ehemaligen französischen Pionierkaserne. Der Grund für die schnelle Verlegung wurde bald offensichtlich: Der in der Nähe gelegene Flugplatz Metz-Frescaty musste schnellstens zu einem einsatzfähigen Fliegerhorst ausgebaut werden. Hier sollten die He111- und Ju88-Bomber, Me109- und Me110-Jagdflugzeuge sowie Ju87-Sturzkampfflugzeuge zum Einsatz gegen England bereitstehen. Bei den Aufmärschen und Sportfesten, die damals noch mit entwaffnender Unbekümmertheit durchgeführt wurden, waren auch höchste Arbeitsführer aus Koblenz und Wehrmachtsgeneräle aus Paris anwesend.

Meine Aufgabe war es, Urlaubsscheine für die Stadt Metz auszustellen. Unserem Chef, Oberstfeldmeister Klein, mussten alle Urlaubsscheine zur Genehmigung vorgelegt werden. Die meisten lehnte er leider ab, sodass wir immer bis zum Wochenende warten mussten, wenn wir die Kaserne verlassen wollten. Dann fuhr Herr Klein üblicherweise mit seinem Fahrer Zahn im Dienstwagen, einem älteren Ford P1, nach Birkenfeld zu seiner Familie, und wir stellten uns die Tagesurlaubsscheine für Sonnabend und Sonntag einfach selbst aus. Vormann Erich Kratz, der Liebling des Oberstfeldmeisters, versah die Dokumente mit dem Dienststempel und unterschrieb sie einfach, obwohl die Unterschrift eigentlich von einem diensthabenden Feldmeister oder Oberfeldmeister hätte geleistet werden müssen. Erich Kratz jedoch hatte Narrenfreiheit. Und obwohl alles rauskam, verlief die Sache im Sand und Kratz blieb der König.

Oberstfeldmeister Klein, im Range eines Hauptmanns der Wehrmacht, war trotz seiner gelegentlichen Schreiereien und Tobsuchtsanfälle ein einigermaßen umgänglicher Zeitgenosse. Wenn seine nette, wenigstens zwanzig Jahre jüngere Ehefrau, auf die er sehr stolz war, mit den drei Kindern erschien, unangemeldet, in einem Dienstfahrzeug, wurde er immer ganz zahm. Klein dürfte damals etwa fünfzig Jahre alt gewesen sein. Alle Offiziere des Arbeitsdienstes waren bei Hitler und der Partei hoch angesehen, vor allem, wenn sie viele gesunde Kinder zeugten.

Die Arbeiten am Flughafen Metz-Frescaty wurden mit Nachdruck vorangetrieben. Für die körperlich arbeitende Truppe wurde Ausgangssperre verhängt, worüber wir ziemlich sauer waren. Wenigstens konnte man während der Ausgangssperre seinen sportlichen Hobbys nachgehen. Mein Lieblingssport war das Schwimmen und Sprungbrettspringen. Im Sommer 41 konnten wir das Schwimmbad in Metz nutzen. Unterfeldmeister Kirchner beaufsichtigte uns dabei und gab uns den einen oder anderen sportlichen Rat. Dies waren die schönsten Momente meiner gesamten Arbeitsdienstzeit.

Dann erfolgte, ich glaube es war der 22. Juni 1941, der Überfall auf die Sowjetunion. Während andere, hauptsächlich Herr Vetter und das Offizierskorps, ausgiebig feierten, konnte bei mir keine Freude aufkommen. Allenthalben entstand eine solche Rastlosigkeit, sodass es schien, als ob jeder am liebsten in den Osten zu rennen würde, um den Bolschewisten den Garaus zu machen.

Kurz vor meiner Entlassung aus dem Reichsarbeitsdienst, Ende August 41, kam **es** noch zu einigen interessanten Begebenheiten: Kamerad Zahn, der Fahrer des Alten, und ich erhielten den Befehl, mit zwei Koffern voller Wehrpässe unserer Abteilung über Luxemburg nach Koblenz zu fahren, und zwar mit der Reichsbahn. Dort wurden die Wehrpässe auf Echtheit geprüft, die Diensterfüllung eingetragen und abgestempelt. Dann durften wir die Pässe wieder mit zurück nach Metz nehmen. Häufig wurde die Bahnfahrt durch Fliegeralarm unterbrochen. Außerdem waren die Verpflegung und Unterbringung in Koblenz ziemlich übel, sodass die dreitägige Reise ganz schön anstrengend wurde. Schließlich waren wir heilfroh, als wir, zum Umfallen müde, wieder in der Kaserne in Metz ankamen. Welchen Sinn diese Reise hatte, kann ich heute nicht mehr nachvollziehen. Ich denke, es wäre einfacher gewesen, einen Beamten mit Vollmacht und Stempel versehen nach Metz zu schicken. Wir waren unbewaffnet, und wenn man uns die Koffer unterwegs abgenommen hätte, hätten wir uns nicht einmal wehren können.

Georg Bellung war ein guter Frankfurter Junge, der mit mir zusammen eingezogen wurde. Er war mit einem 17-jährigen Mädchen verheiratet, das sichtbar schwanger war. Bereits in den ersten Wochen in Diedenhofen versicherte mir Georg, dass er abhauen würde, sobald das Kind auf die Welt käme. Ich warnte ihn nachdrücklich, dass er sich damit in größte Schwierigkeiten bringen würde. Eines Tages war Georg verschwunden. Er war einfach in den Zug gestiegen und nach Frankfurt gefahren. Die Feldpolizei brachte ihn wenige Tage später wieder zurück. Dreimal ist er noch abgehauen, dann erhielt er bei der Arbeit Sonderbewachung. Glücklicherweise beließ es Oberstfeldmeister Klein jedes Mal bei einem einfachen Verweis. Dann machte sich Georg ein viertes Mal davon – ich habe ihn nie wiedergesehen.

Paul Schneider, ebenfalls aus Frankfurt, verweigerte gerne mal einen Befehl, weshalb er während seiner gesamten Zeit beim Arbeitsdienst nicht aus dem Strafexerzieren rauskam. Paul war etwas zurückgeblieben und er hatte die Angewohnheit, nach dem Wecken, nicht aufzustehen. Dies machte ihn zum Ziel ständiger Hänseleien und führte nicht selten zu Handgreiflichkeiten und Schlägereien. Für die Herren Truppführer war Paul natürlich ein gefundenes Fressen. Sie konnten den armen Teufel auf die verschiedensten Arten schikanieren und ihre Macht demonstrieren. Außerdem wurde ihm unter der Sammeldusche jedes Mal übel mitgespielt. Er hatte ein sehr großes Geschlechtsteil und wurde leicht zum Opfer anzüglicher Scherze. Wenn jemand versuchte, ihn zu berühren, schlug Paul unweigerlich zu. Er war sehr kräftig und fackelte nicht lange. Irgendwann wurde er vorzeitig aus dem Arbeitsdienst entlassen. Ich habe nie wieder etwas von ihm gehört.

Dann hatten wir einen Sanitäts-Truppführer namens Hanselmann. Er war für unsere Gesundheit verantwortlich, hauptsächlich im sexuellen Bereich. Wir erhielten von Hänschen, wie wir ihn nannten, bei jeder Gelegenheit Belehrungen über die Auswirkungen des Verkehrs mit französischen Frauen. Für mich und viele meiner Kameraden waren diese Belehrungen ohne Bedeutung. Wir waren ja noch so jung und schüchtern, und mit Enthaltsamkeit kann man sich nichts holen. Allerdings gab es auch einige, die sich tatsächlich Geschlechtskrankheiten zuzogen. Die Feststellung der Erkrankungen erfolgte immer nach Dienstschluss. Wenn wir unseren Feierabend genießen wollten, rief Truppführer Hanselmann die gesamte Abteilung zur Untersuchung in die Räume des Krankenreviers. Dort hieß es: Alle nackt ausziehen und antreten zur Gliedkontrolle. Jetzt war Hanselmann in seinem Element, er begutachtete jeden Penis und verpasste jedem Erkrankten ohne Rücksicht eine Spritze ins Glied, dass den Betroffenen vor Schmerz Hören und Sehen verging. Nichts versetzte die Nazis so sehr in Schrecken wie Geschlechtskrankheiten in der Truppe. Um die Gesundheit der Soldaten zu gewährleisten, war die Wehrmacht bemüht, Freudenhäuser mit überwachten

Prostituierten einzurichten. Eines ist im Sommer 1941 in Metz fertig geworden. Kurz vor unserer Entlassung aus dem Arbeitsdienst machte ich mit den Kameraden Ujma, Hollstein, Kratz, Stellwag, Klassner und Zahn dort einen Besuch. Das Bordell war in einem alten Schulgebäude untergebracht, das man leidlich hergerichtet hatte, es wurde von einem Doppelposten der Wehrmacht bewacht. Wir schauten uns um und fanden es schrecklich, wie sich die Damen, Deutsche und Französinnen, präsentierten. Sie saßen mit hochgezogenen Beinen, spärlich gekleidet, jedoch züchtig auf den Schultischen und warteten auf die Freier. Nach erfolgreicher Verhandlung verschwanden die Pärchen in den oberen Räumen. Meine Kumpels und ich fanden das Ganze ziemlich ekelhaft und so verließen wir das Etablissement sehr schnell wieder. Obwohl es nicht einmal etwas gekostet hätte.

Zum Abschluss unserer Zeit im Reichsarbeitsdienst beschlossen wir, den letzten Sonntag in unserem Lieblingsbistro bei einem guten Essen zu verbringen. Die offizielle Verabschiedung bestand aus einem letzten Appell mit anschließendem, ausnahmsweise gutem Essen mit Alkoholzuteilung. Am frühen Nachmittag des 22. August 1941 wurden wir dann in die Heimat entlassen, in Zivilkleidung und mit Proviant für die Fahrt versorgt. Bereitstehende Busse brachten uns zum Bahnhof Metz, wo schon der Bummelzug über Saarbrücken und Mannheim nach Frankfurt auf uns wartete. Es war schon dämmrig, als wir in Frankfurt ankamen. Der Abschied von den Kameraden war kurz, jeder versuchte, so schnell wie möglich nach Hause zu kommen. Ich schnappte mein Gepäck, hatte Glück und erwischte am Hauptbahnhof die Straßenbahn der Linie 12, die mich für 25 Reichspfennig ins Gallusviertel brachte. Es war noch nicht ganz dunkel, als ich zu Hause eintraf. Die Freude war riesig groß, doch leider zu kurz.

Erst nach dem Krieg habe ich die Kameraden Karl-Heinz Klassner, Erich Kratz und Walter Hollstein wiedergetroffen. Mit

Karl-Heinz Klassner hatte ich lange Zeit eine geschäftliche Verbindung. Erich Kratz war selbständig, er starb leider sehr jung an Krebs. Walter Hollstein wurde Unternehmer. Er baute in Dreieich-Sprendlingen, dem Ort, der später meine Heimat wurde, ein großes Hotel, das er jedoch nicht halten konnte.

Lehrjahre

Der Einberufungsbefehl zur deutschen Wehrmacht lag bereits zu Hause, worüber meine Eltern sehr besorgt waren. Zum Glück war mein jüngerer Bruder Willi noch daheim, er sollte erst später eingezogen werden. Ich hatte nicht die geringste Kriegsbegeisterung und nahm mir vor, mich niemals zu irgendeiner Aktion freiwillig zu melden. Dass ich diesen Vorsatz bis heute durchgehalten habe, hat mir wahrscheinlich das Leben gerettet.

Die wenigen Tage bis zur Einberufung machte ich mir ein angenehmes Leben bei Muttern. Ich besuchte die Verwandtschaft, traf mich mit Freunden und stattete meiner Lehrfirma, den Matra-Werken in Frankfurt, einen Besuch ab. In meiner ehemaligen Abteilung, die ich als junger kaufmännischer Gehilfe verlassen musste, hätte ich gleich wieder anfangen können zu arbeiten. Jede Kraft war willkommen, es gab ja keine Männer mehr, alle waren eingezogen worden. Ich traf nur einige ältere Herren an: Abteilungsleiter, Handlungsbevollmächtigte und Prokuristen. Direktor Kohlmeier und der als Geschäftsführer fungierende Herr Lauer hatten keine Zeit, mich zu empfangen. Es wimmelte jedoch von Frauen. Alle Damen und Herren, die mich noch kannten, waren sehr freundlich und begrüßten mich herzlich. Auch Hermann Schumacher, Chef der Buchhaltung, gab sich die Ehre, mich mit Handschlag zu begrüßen. Seine Sekretärin, Fräulein Fink, war besonders nett.

Sie und Herr Kempf waren diejenigen, die mich im ersten Abschnitt meiner Lehrzeit in der Buchhaltung besonders unterstützt und mir wirklich etwas beigebracht hatten. Von anderen in der Buchhaltung, insbesondere von Herrn Schumacher, kann ich das nicht behaupten. Schumacher, der Supernazi, ließ während meiner gesamten Lehrzeit keine Gelegenheit aus, mich zu kritisieren, auszuschimpfen und zu schikanieren. Es war oft so unerträglich, dass ich nicht mehr in die Firma gehen wollte. Doch meine Eltern überredeten mich durchzuhalten und so fügte ich mich – Lehrjahre sind ja bekanntlich keine Herrenjahre. Bereits während meiner Lehrzeit hatte Schumacher übrigens ein Verhältnis mit Fräulein Fink. Seine liebe und nette Ehefrau Else, die im gleichen Betrieb in einer anderen Abteilung arbeitete, hatte zunächst keine Ahnung. Und als Fräulein Fink einen Sohn gebar, wollte sie zunächst auch nicht glauben, dass ihr Mann der Vater war.

Ein Vierteljahr später, im zweiten Abschnitt meiner Lehrzeit, wurde ich der Registratur zugewiesen, die bei den Meisten unbeliebt war. Die Zeit, die ich dort verbrachte, war auch ganz und gar nicht unter meiner Würde. Im Gegenteil, ich lernte Dinge, die sich für mein späteres Leben als äußerst wertvoll erweisen sollten. Der dortige Abteilungsleiter war Max Freimann; ich wurde ihm und seinem Mitarbeiter Willi Leichum vorgestellt. Ein uralter Arbeitstisch, dunkelgrün mit Einlagen, und ein gewöhnlicher alter Holzstuhl wurden mein Arbeitsplatz. Im Umkleidebereich hatte man mir einen heruntergekommenen Blechspind zur Verfügung gestellt, das notwendige Schloss musste ich mir selbst besorgen. Zwei graue Kittel, zum Wechseln, hatten mir meine Eltern bereits gekauft. Schon am ersten Tag in der Registratur wurde ich von Herrn Freimann behutsam auf die Bedeutung einer Registratur hingewiesen. Um seine Worte zu untermauern, erhob sich Herr Freimann von seinem Stuhl, Herr Leichum reichte ihm einen Krückstock. Damit zeigte er mir die langen Reihen von Regalen, die bis an die Decke mit Aktenordnern gefüllt waren. An die weiter oben stehenden Ordner kam man nur mithilfe beweglicher Leitern heran. Innerhalb weniger Tage wurde mir bewusst, dass Herr Freimann ein sehr intelligenter Vorgesetzter war, der sich wirklich bemühte, mir kaufmännisches Wissen zu vermitteln. Meine anfängliche Angst, nur ja alles richtig zu machen, schwand schnell, da ich fühlte, dass Herr Freimann mir vertraute. Im Nachhinein stellte sich heraus, dass die drei Monate in der Registratur die wichtigsten meiner Lehrzeit werden sollten. Wenn Herr Leichum nicht zugegen war – er pflegte sehr lange Toilettenpausen einzulegen – fragte mich Herr Freimann, wie ich mir mein künftiges Leben vorstellte. Ich erzählte ihm von den Pflichten, die ein deutscher Junge damals hatte, und von den Stationen Jungvolk, Hitlerjugend und Arbeitsdienst, die alle auf den Dienst bei der Wehrmacht vorbereiten sollten. Herr Freimann war jüdischer Abstammung und damals 47 Jahre alt. Im ersten Weltkrieg hatte er als deutscher Offizier sein rechtes Bein verloren. Er trug eine Prothese, daher die sichtbare Behinderung und der Krückstock. Als kriegsversehrter ehemaliger Hauptmann erhielt er eine gute Rente. Bei den Matra-Werken, einer Tochter des Linde-Konzerns, war er ein noch geduldeter Angestellter.

Die Matra-Werke hießen früher Marx & Traube GmbH und wurden 1936 arisiert. Die ehemaligen jüdischen Besitzer und Teilhaber wurden abgefunden und mussten die Firma von heute auf morgen verlassen. Herrn Freimann hatte man wegen seiner Kriegsverletzung und wegen seiner Verdienste den Verbleib in der Registratur angeboten. Und er zögerte nicht lange den Posten anzunehmen, obwohl er damit wesentlich schlechter gestellt war als vorher. Woanders hätte er im neuen Staat überhaupt keine Arbeit mehr gefunden. Er hat mir gegenüber immer beteuert, dass er Adolf Hitler sehr bewundere und besonders seine Innenpolitik, d. h. die Beseitigung der Arbeitslosigkeit und den Bau der Autobahnen gutheiße. Er konnte nie verstehen, wieso Hitler die Juden bekämpfte. Er würde sich so lange er lebe als Deutscher fühlen, trotz aller Schmähungen und Demütigungen.

Solche Äußerungen machte er auch völlig ungeniert in Gegenwart von Herrn Leichum, der dabei immer vorwurfsvoll über seine Brillengläser blickte und sagte: „Wenn Sie den Hitler so verehren, können Sie ja in die NSDAP eintreten." Leichum war Deutscher, kleinwüchsig und kleinkariert, ein harmloser Spießer. An seinem abgetragenen Anzug trug er stolz das Parteiabzeichen. Wenn er morgens ins Geschäft kam, meistens zu spät, hatte er nichts Eiligeres zu tun, als laut und vernehmlich „Heil Hitler" zu rufen. Herr Freimann war immer der Erste am Arbeitsplatz. Er kam mit der Straßenbahn aus dem Judenviertel. Er wohnte in der Nähe des Hessen-Denkmals zwischen Bergerstraße und Sandweg. Ich merkte, dass es ihm gefiel, wenn ich ihn morgens immer respektvoll mit „Guten Morgen, Herr Freimann!" begrüßte.

Damals begann die Geschäftszeit um 8 Uhr früh, von 13 Uhr bis 15 Uhr war Mittagspause, um 19 Uhr war Feierabend. Am Sonnabend wurde von 8 bis 13 Uhr gearbeitet. Das waren in der Woche sage und schreibe 50 Stunden Arbeitszeit. Gewerkschaften gab es keine.

Im Mai 1938 machte die Firma mit Bussen einen Betriebsausflug an die Bergstraße. Herr Freimann blieb der Veranstaltung fern. Herr Leichum und seine Frau, die sehr attraktiv und einen Kopf größer war als er, waren jedoch mit von der Partie. Verheiratete durften ihre Partner mitbringen. Alles in allem waren wir etwa. 120 Personen. In einem großen Saal mit Bühne nahmen wir die Mahlzeiten ein, und ein Außendienstmitarbeiter namens Löhr, so ein kleines Dickerchen aus Berlin, haute zur Unterhaltung in die Tasten eines auf der Bühne stehenden, schlecht gestimmten Flügels. Plötzlich begab sich Leichum auf die Bühne, und jeder fragte sich, was der denn da oben wolle. Alle, die ihn kannten, waren peinlich berührt. Er sprach kurz mit dem Kollegen Löhr, der auf dem Piano ein kurzes Vorspiel anstimmte. Dann sang Leichum das Viljalied aus der Operette „Die lustige Witwe" von Franz Lehar mit astreiner Tenorstimme. Er erhielt herzlichen Beifall und musste mehrere Zugaben geben. Auch mir hatte sein Beitrag gut gefallen. Ich hatte sieben Jahre Klavierunterricht genossen und konnte mir über den Gesang des Kollegen durchaus ein Urteil bilden.

Seine Vorstellung auf dem Betriebsausflug bedeutete jedoch nicht, dass man sich mit Herrn Leichum jetzt zwanglos über Musik und Gesang unterhalten konnte. Im Gegenteil, er verrichtete nach wie vor stumm seine eintönige Arbeit. Zum Mittagessen aß er üblicherweise eine Büchse Ölsardinen, die damals weder entgrätet noch gehäutet waren, bis zum letzten Tropfen Öl, und das ohne jede Beilage. Bereits das Öffnen der Dose verbreitete penetrante Gerüche, zwang uns zum Öffnen der Fenster und verhalf Herrn Leichum zu zusätzlichen Aufenthalten auf der Toilette. Dann besuchte er noch ein paar andere Abteilungen und für gewöhnlich kreuzte er kurz vor Feierabend wieder an seinem Arbeitsplatz auf.

Als ich anfing, Klavierunterricht zu nehmen, war ich 12 Jahre alt. Unser Vater hatte, zur allgemeinen Überraschung der Familie, zu Weihnachten 1934 ein Klavier gekauft und es, ohne dass wir Kinder es gemerkt hätten, ins Wohnzimmer geschmuggelt. Zu Beginn besuchte ich den Unterricht mit eher gemischten Gefühlen. Ich hielt mich für vollkommen unmusikalisch und hatte eigentlich nicht die geringste Lust, Klavier spielen zu lernen. Heute bin ich sehr froh darüber, damals die Gelegenheit bekommen zu haben. Beim Singen in der Schule bekam ich die Note drei – mein damaliger Lehrer, Karl Stricker sagte immer: „Du singst wie ein abgehackter Hahn." Dieser Spruch war nicht gerade förderlich für mein musikalisches Selbstbewusstsein. Andererseits konnte ich sehr gut Noten lesen, was sich später beim Klavierunterricht bezahlt machte. Als Anhängsel zum Kauf des Klaviers wurde meinen Eltern Emma Diehl aus Frankfurt-Bornheim als beste Klavierlehrerin aller Zeiten empfohlen. Der Klavierverkäufer, Wilhelm Geißendörfer, ebenfalls aus Frankfurt, schickte seine Tochter dorthin. Frau Diehl war eine nette Elsässerin, die seinerzeit 2 Reichsmark Honorar pro Unterrichtsstunde erhielt. Für meine Eltern war das bei einer Stunde wöchentlich ein stattlicher Betrag. Hinzu kamen die Straßenbahnkarten für die Fahrt vom Gallusviertel nach Bornheim und zurück. Doch es lohnte sich. Innerhalb kurzer Zeit lernte ich ziemlich viel. Ich übte dermaßen heftig, dass mein Vater drohte: „Wenn du jetzt nicht mit dem Klimpern aufhörst, steige ich in den Keller, hole einen Eimer

Kartoffeln hoch und kippe ihn in den Klavierkasten." Ich kam mit dem Klavierspiel gut voran, wurde von Frau Diehl ständig gelobt und sie empfahl mir, Musik zu studieren, sie würde mir die entsprechenden Wege ebnen. Freudig erzählte ich meinen Eltern davon, erhielt jedoch die Antwort: „Musiker ist kein Beruf, du lernst etwas Ordentliches!"

Dann kam die Kristallnacht. Ich war im ersten Lehrjahr und hatte auf eigene Kosten bei der Deutschen Arbeitsfront in der Savignystraße einen Abendkurs in Englisch belegt. Während des Unterrichts hörten wir zusehends lauter werdende Geräusche, Gegröle, Sirenen und Schüsse von der Straße. Unser Lehrer, Herr Elchenbroich, unterbrach den Unterricht. Wir waren sehr aufgeregt, öffneten die Fenster, um nachzusehen, was da vor sich ging, und hörten nun verstärkt Krach und Radau. Der Himmel war knallrot und Explosionen waren zu hören. Unser Lehrer ordnete an, die Fenster wieder zu schließen, dann beendete er den Unterricht. Keiner von uns wusste, was geschehen war. Auch Herr Elchenbroich war sehr unsicher. Schließlich schickte er uns nach Hause. Im gesamten Gebäude wurden die Seminare abgebrochen, das Treppenhaus war überfüllt, jeder wollte so schnell wie möglich ins Freie. Auch ich war neugierig und ging, anstatt postwendend mit der Straßenbahn nach Hause zu fahren, mit einigen Kameraden in Richtung Kaiserstraße, wo der Lärm herkam. Dort angekommen mussten wir feststellen, dass die SA schon Dutzende jüdische Geschäfte zerstört, geplündert und zum Teil auch in Brand gesteckt hatte. Es war ein derartiges Chaos, und so schrecklich, dass ich sehr schnell das Weite suchte. Auf dem Heimweg kam ich an der stadtbekannten Parfümerie Dr. Albersheim in der Kaiserstraße zwischen Mosel- und Elbestraße vorbei. Was ich da sehen musste, lässt sich kaum beschreiben. Das schöne Luxusgeschäft war total zerstört. Die einst so hübschen gewölbten Schaufensterscheiben und die vornehm dekorierten Auslagen hatte man völlig zerstört. Was ich beim Stadtgang mit meiner Mutter immer von außen bewundert hatte – die Waren hätten wir uns nie leisten können – lag zertrümmert knöchelhoch über die gesamte Ladenlänge auf dem Gehweg. Wieder zu Hause erzählte ich meinen Eltern von den Vorgängen in der Innenstadt, worauf mein Vater sagte: „Das wird sich eines Tages bitter rächen.“

Zu dieser Zeit hatte mein ehemaliger Vorgesetzter in der Registratur der Matra-Werke, Herr Freimann, Frankfurt bereits verlassen. Später erfuhr ich, dass die Familie nach England geflüchtet war.

Heimatfront

Dem Einberufungsbefehl folgend, rückte ich am 4. September 1941 nach langer Bahnfahrt in Oldenburg-Donnerschwee als Rekrut in die dortige Flak-Kaserne ein. Die Grundausbildung unter der Leitung von Spieß Hauptwachtmeister Mackerodt, Leutnant Hundertmark und anderen dauerte sechs Wochen. Dann ging es erst richtig zur Sache. Ich erhielt eine Sonderausbildung am Kommando-Hilfsgerät bzw. Feuerleitgerät für das Flak-Geschütz 8,8-cm, welches damals als beste Flugabwehrkanone der Welt galt.

Der Aufenthalt in Oldenburg brachte übrigens nicht viel. Die Engländer verstärkten ihre Luftangriffe bei Tag und Nacht und wir verbrachten mehr Zeit in den Luftschutzbunkern als in der Ausbildung. Unser Batteriechef, ein Oberleutnant, dessen Name so kompliziert war, dass ich ihn vergessen habe, war selten anwesend. Angeblich betrieb er Studien, mit dem Ziel Professor zu werden. Noch während des Appells, nachdem Spieß Mackerodt Meldung gemacht hatte, rief er nach Leutnant Hundertmark, um sich vertreten zu lassen. Doch der war in der Frühe auch selten da, lag angeblich irgendwo mit einer Frau im Bett. Dennoch war Hundertmark ein umgänglicher und kumpelhafter Offizier. Man konnte mit ihm reden und er nahm sich Zeit, die Sorgen und Nöte der Rekruten anzuhören und Abhilfe zu schaffen. Das konnte man vom Batteriechef wirklich nicht behaupten, dafür war er sich viel zu fein. Er verfolgte nur seine eigenen Interessen und wartete auf die Beförderung zum Hauptmann.

Der Russland-Feldzug war voll im Gange, die Verluste an Menschen und Material häuften sich gewaltig. Alle Männer wurden gebraucht, um den Krieg schnell und siegreich zu beenden. Mit der Ausbildung der Rekruten gab man sich keine große Mühe, hauptsache, sie waren schnell bereit für die Front – Kanonenfutter, wie wir Flaksoldaten.

Ende November 1941 wurde ich zusammen mit vielen Kameraden nach Mannheim-Käfertal in die Scheinwerfer-Kaserne verlegt. Dort wurden wir lediglich gesammelt. Die Unterkünfte waren verwohnt, aber sauber, die Verpflegung gut. Innerhalb weniger Tage, Weihnachten stand vor der Tür, wurden wir per Marschbefehl auf diverse hessische Flak-Stellungen verteilt. Ich hatte Glück und kam nach Hanau, zu einer 2-cm-Flakeinheit. Das kleine Geschütz verunsicherte mich etwas, denn ich hatte damit gerechnet, zu einer schweren Flakeinheit mit 8,8-cm-Geschütz abkommandiert zu werden. So war meine Sonderausbildung am Feuerleitgerät also für die Katz. Zum dritten Flakzug der Flakbatterie 293, dem ich jetzt angehörte, gehörten drei 2-cm-Schnellfeuer-Flugabwehrkanonen. Damit konnte man entweder Sprenggranaten für den Luft- und Erdkampf verschießen oder Panzergranaten, die nur für den Erdkampf geeignet waren. Die drei Geschütze waren verteilt. Eines befand sich auf einem Holzturm an der Kinzig zum Schutz der umliegenden Betriebe, das Zweite stand auf dem Verwaltungsgebäude des kriegswichtigen Großbetriebs Heräus und das Dritte auf dem Bahnhof Hanau-Steinheim zum Schutz der Gleisanlagen. Da diese kleinen Kanönchen für mich und viele meiner Kameraden Neuland waren, mussten wir erneut eine Ausbildung erhalten.

In den ersten Tagen meines Hanau-Aufenthaltes lernte ich meinen späteren Freund und Weggefährten Heinz Gries aus Köln kennen. Diese Freundschaft sollte den Barras und die Kriegsgefangenschaft überstehen und bis weit in die Nachkriegszeit anhalten. Wir beide harmonierten von Anfang an sehr gut miteinander. Heinz und ich wurden dem Turmgeschütz an der Kinzig zugeteilt. Geschützführer war Unteroffizier Willi Heil aus Landau in der Pfalz. Die zweite Kanone unterstand Unteroffizier und Offiziersanwärter Josef „Sepp" Stoiber, einem intelligenten, fröhlichen Jungen aus München, der mir als Vorgesetzter viel lieber gewesen wäre als der bösartige Willi Heil.

Trotzdem war ich sehr froh, in Hanau stationiert zu sein. Da Hanau ja nur 17 km von Frankfurt entfernt ist, hoffte ich, meiner Familie öfters mal einen Besuch abstatten zu können. Schließlich stand Weihnachten vor der Tür. Doch in den ersten Wochen war erhöhte Gefechtsbereitschaft befohlen und eine Heimfahrt deshalb völlig unmöglich. Tagsüber wurden wir ausgebildet, nachts hatten wir Bereitschaft und außerdem mussten wir regelmäßig rund um die Uhr Wache schieben. So vergingen die Wochen. Die Anweisungen, die man uns gab, erschienen uns ziemlich sinnlos und so kam der Spruch auf: „Die halbe Zeit seines Lebens steht der Soldat vergebens."

Das Wacheschieben am Tag war durchaus nötig. Die Wache konnte wenigstens Alarm melden, falls wieder Tiefflieger im Anflug waren. Trotz der Luftsperrzone West gelang es englischen Flugzeugen schon im Mai 1940, als ich noch zu Hause war, nach Frankfurt durchzubrechen. Ich beobachtete verwundert aus dem Dachfenster unseres Bubenschlafzimmers in der Bischofsheimerstraße im Gallusviertel, wie ein Flugzeug der Royal Air Force, ganz niedrig und langsam fliegend, mit roten Positionsleuchten die Bahnlinie am Rebstock anvisierte. Sekunden später verursachten die fallenden Bomben ein dermaßen schreckliches Geräusch, dass ich rückwärts in mein Bett fiel. Die Bomben trafen jedoch nicht die Bahnlinie, sondern ein Wohnhaus in der Schloßbornerstraße, auf Höhe der Frankenallee. Das Haus wurde völlig zerstört und die ersten vier Fliegerbombenopfer in Frankfurt waren zu beklagen. Die nächtlichen Angriffe häuften sich, die Zahl der Opfer stieg. Hauptsächlich betroffen waren die Außenbezirke Eschersheim, Bockenheim, Ginnheim und Sachsenhausen. Nach einigen Wochen hörten die Angriffe plötzlich auf. Der Feind warf jetzt Tausende von Flugblättern ab, auf denen stand: „Frankfurt werden wir schonen, weil darin die Juden wohnen." Die Blätter mussten sofort bei der nächsten Ortsgruppe der NSDAP abgegeben werden, sonst drohten schwere Strafen. 1944, nachdem die meisten Juden geflohen oder verschwunden waren, kamen die Alliierten mit Tausenden von Bomben zurück.

Bis auf die Fliegeralarme blieben wir in Hanau ungeschoren. Über die Weihnachtsfeiertage und Silvester 1941 war es ruhig. Anscheinend wollten auch die Alliierten einige ruhige Friedenstage verleben. Unsere Verpflegung, die aus der Küche des Batteriegefechtsstandes in Steinheim täglich mit einem Opel-Lastwagen in Warmhaltebehältern angeliefert wurde, war über die Festtage besonders gut und reichhaltig. Um uns bei Laune zu halten, gab es noch eine Sonderration Marketenderware, also Kekse, Schokolade und Martell-Cognac aus dem besetzten Frankreich sowie Zigaretten. Neben unserem Flakturm an der Kinzig hatten wir eine stabile Barackenunterkunft, die zwar gut eingerichtet, aber nicht bombensicher war. Dort verbrachten wir bei Dienstfreiheit in den nächsten Wochen recht schöne Stunden.

Zu unserer Geschützmannschaft kamen Anfang 1942 Karl Gies aus Frankfurt-Fechenheim und Rainer Haas aus Köln hinzu. Zusammen mit Heinz Gries wurden mir die beiden gute Kameraden, auf die man sich wirklich verlassen konnte. Wenn wir Ausgang hatten, besuchten wir in Hanau das Café Buckel, das sich in einer Seitenstraße in der Nähe des Paradeplatzes befand und das von unserer Stellung aus innerhalb von 10 Minuten zu Fuß zu erreichen war. Das Café Buckel hatte zwar keinen Bohnenkaffee und die Torten- und Kuchensorten waren auch recht fragwürdig, aber dafür gab es dort andere Sachen, über die wir uns freuen konnten. Außer uns Landsern verkehrten dort nämlich auch etliche Ensemble-Mitglieder des Stadttheaters Hanau, hauptsächlich Tänzer und Tänzerinnen. So lernte ich eines Tages die aus Berlin stammende Solo-Tänzerin Ursula „Uschi" Merker kennen, eine 19jährige, schwarzhaarige Schönheit mit spanischem Einschlag. Sie war erst seit Kurzem in Hanau engagiert und lebte zusammen mit einer Kollegin namens

Corinna in einer Wohnung in der Innenstadt. Ich machte ihr den Vorschlag, doch einmal in unsere Flakstellung zu kommen und uns auf dem großen Barackentisch etwas vorzutanzen. Uschi war sofort einverstanden und wir hatten mehrmals die Gelegenheit, die Kunst der beiden Mädchen zu bewundern. Uschi war eine schöne Frau und eine fantastische Tänzerin. Ich hatte das Glück, beide Damen abholen und wieder nach Hause bringen zu dürfen. Die Tanzvorstellungen sprachen sich natürlich in der ganzen Batterie sehr schnell herum. Alle wollten Uschi Merker und ihre Kollegin tanzen sehen. Sogar unser Zugführer, Oberwachtmeister Heribert Steeg, hatte sich angesagt. Auch der mir sehr verbundene Unteroffizier Sepp Stoiber, obwohl er mehr oder weniger streng verlobt war, konnte nicht umhin, dieser einmaligen Schau beizuwohnen. Uschi war in ihrem Element und zeigte alle Varianten ihres Könnens, einschließlich Bauchtanz, jedoch keinen Striptease. Die Damen wurden immer mit tollem Beifall belohnt!

Uschi und ich freundeten uns an. Haupttreffpunkt blieb das Café Buckel. Auch andere bemühten sich sehr um Uschi und ihre Kollegin. Mitte Februar 1942 erhielt ich überraschend 14 Tage Urlaub. Obwohl ich in Frankfurt platonisch mit Irma befreundet war, wollte Uschi meine Eltern kennenlernen, also brachte ich sie einfach mit nach Hause. Meine Eltern waren zwar erfreut, aber von ihrem Beruf nicht sehr erbaut, was mir jedoch gar nichts ausmachte. Ich war jung und freute mich über meine Eroberung. Für Irma hatte ich noch genug Zeit. In der Kriegszeit war es unsinnig, große Zukunftspläne zu schmieden. Außerdem dachte ich nicht im Traum daran, eine feste Bindung einzugehen, oder gar Kinder in eine schlechte Welt zu setzen.

Die höchste Instanz unserer Flakeinheit war die Flakabteilung am Gefechtsstand Offenbach-Bürgel. Sie war in einem geräumten Gestüt eingerichtet, dessen Pferde ohnehin an der Front waren. Chef war Major Herbert Knecht, Mitte vierzig, ein Berufssoldat alter Schule. Er war stolz, jedoch umgänglich, und wohnte mit seiner wesentlich jüngeren Frau und seinen zwei Kindern in Bad Soden. Die Flakabteilung hatte drei Batterien, jede Batterie vier oder fünf Züge. Batteriechef der 1. Flakbatterie 293 war Hauptmann Werner Reichert, ein netter Offizier, Anfang fünfzig, gebürtiger Bajuware der gehobenen Klasse. Ihm zur Seite stand als Batterieoffizier Leutnant Hans Sulzer, ebenfalls ein netter Bayer aus der Nähe von München. Wo die anderen Batterien und Einheiten unserer Flakabteilung stationiert waren und wie viele es waren, durften wir nicht wissen. Der Batteriegefechtsstand in Hanau-Steinheim war im Deutschen Haus, einem Gebäude für Veranstaltungen mit angeschlossener Gaststätte untergebracht.

Ab Januar 1942 ging die Ausbildung an der 2-cm-Kanone zügig voran. Ich wurde Richtschütze K1. Das war derjenige, der im Drehsitz saß und das Visier vor Augen hatte. Heinz Gries hatte die Aufgabe, als K2 die 20-Schuß-Magazine zu wechseln. Alles wurde strengstens überwacht vom fiesen Unteroffizier Willi Heil, der wiederum von unserem Zugführer, Oberwachtmeister und Offiziersanwärter Heribert Steeg, einem Millionärssohn aus Krefeld, unterstützt wurde. Steeg war zwar ein eingebildeter Pinkel, aber man konnte mit ihm auskommen. Er sollte in meinem weiteren Soldatendasein noch eine wichtige Rolle spielen.

Bei den Übungen waren wir eine eingespielte Mannschaft, jedoch in der Praxis noch völlig unerfahren. In Hanau haben wir nicht einen einzigen Schuss abgegeben. So plätscherte die Zeit dahin. Die Wehrmacht hatte im Osten zunächst noch grandiose Erfolge, doch der verheerende russische Winter forderte seinen Tribut. Die Front vor Moskau kam zum Stehen, die Verluste waren sehr hoch. Bei uns in Hanau jagte ein Gerücht das andere. Einmal sollten wir angeblich in den Westen verlegt werden, ein andermal in den Osten.

Krim-Feldzug

Die Ungewissheit hatte am 29. März 1942 ein Ende. Es erschien der robuste Krupp-Boxer Kleinflak-Transporter und es begann der Abbau und Abtransport unserer Stellung. Wir standen bereits fertig bepackt und abfahrtbereit und konnten sofort zum Bahnhof Hanau gebracht werden. Eine Nachhut holte das restliche Gepäck und sonstige Utensilien. An einem Nebengleis wurden wir gesammelt und im Morgengrauen des 30. März verladen. Es ging alles so schnell, wir konnten uns nicht einmal vernünftig von unseren Angehörigen und Bekannten verabschieden. Nur wenigen Soldaten der Batterie wurde Gelegenheit gegeben, ihre in der Nähe wohnenden Angehörigen zur Verabschiedung nach Hanau kommen zu lassen. Ich gehörte glücklicherweise dazu und konnte meine Eltern für eine Nacht bei der Familie Seiler in Steinheim unterbringen. Dort feierten wir eilig einen freudig-traurigen Abschied.

Als die Fahrt ins Ungewisse ihren Anfang nahm, waren die Geschütze auf den Tiefladern der Reichsbahn noch nicht einmal fertig aufgebaut und in Stellung gebracht. Keiner wusste, wohin es ging. Erst nach drei Tagen langsamer Fahrt sah ich nachts bei klirrender Kälte ein Schild mit dem Namen Lemberg. Unsere Zukunft lag also im Osten. Das hatte Alfred Rosenberg in „Der Mythos des Zwanzigsten Jahrhunderts" schon Jahre vorher großspurig verkündet.

In der Nacht zum 31. März 1942 wurde Hanau übrigens schwer bombardiert. Dabei wurden auch einige Häuser in der Kyffhäuserstaße, wo Uschi Merker mit ihrer Freundin wohnte, dem Erdboden gleichgemacht. Später habe ich über meine Eltern Nachforschungen betreiben lassen – von Uschi habe ich nie mehr etwas gehört, ich muss also annehmen, dass sie seinerzeit in Hanau ums Leben gekommen ist.

Wir armen Teufel hatten zu diesem Zeitpunkt keine Ahnung, was auf uns zukommen sollte. Es wollte auch keine große Begeisterung aufkommen, bei mir schon mal gar nicht. Beim überstürzten Abschied von meinen Eltern und von meinem Bruder konnte ich aus dem Mienenspiel meines Vaters erkennen, dass er von seiner Theorie des bereits verlorenen Krieges keinen Millimeter abgegangen war. Die zunehmenden Luftangriffe auf Deutschland und besonders auf Frankfurt und Umgebung schienen ihm Recht zu geben. Mit Bestürzung und Trauer nahm gerade meine Familie, hauptsächlich mein Vater, von der systematischen Bekämpfung der Juden Kenntnis. Da unser Vater bei der Firma Robert Bosch beschäftigt war und regen Umgang mit jüdischer Kundschaft hatte, sickerte manche Nachricht über die Leiden der jüdischen Bevölkerung, über Schikanen und Quälereien durch. Gottseidank hatte sich der größte Teil der Frankfurter Juden ins Ausland abgesetzt. Nur wenige blieben, sie mussten sich im Untergrund verstecken. Außenstehende erfuhren von diesen Dingen nichts. Vor Denunzianten war man auch nirgends sicher. Der für uns zuständige Amtswalter bei der Ortsgruppe Gallus, Hans Kirchbaum vom Marxheimer Platz, ein Vollblutnazi und Scharlatan erster Güte, hatte Vater ohnehin auf dem Kieker. Wenn er erfahren hätte, dass wir Judenbekanntschaften hatten, hätte er uns unweigerlich ans Messer geliefert. Nach dem Krieg beging Hans Kirchbaum Selbstmord, womit er seine Familie tief ins Unglück stürzte. Kirchbaums hatten zwei Töchter. Die ältere von beiden war etwa in meinem Alter. Sie ging in die Bürgermeister-Grimm-Schule, während ich die Ackermann-Schule besuchte. Sie war ein schönes Mädchen – als Junge hatte ich mal ein Auge auf sie geworfen. Auch die Mutter war eine nette Frau, sie hatte aber nichts zu sagen. Der Zorn, den Kirchbaum meinem Vater entgegenbrachte, kam daher, dass mein Vater uk (unabkömmlich) gestellt war, und er nicht, wie es Kirchbaum gerne gesehen hätte, zum Kämpfen für Führer, Volk und Vaterland, an die Front abkommandiert werden konnte. All seine Versuche, meinen Vater aus dem Sattel zu heben, scheiterten kläglich. Seine Schikanen, auch anderen Bewohnern des Viertels gegenüber, ließen nie nach. Bei Fliegeralarm fungierte Kirchbaum zusätzlich als Bunker-Kommandant. Unser Nachbar Karl Kersting und Vater hielten sich gerne im Freien vor dem Bunker auf, um die gesetzten Leuchtschirme der feindlichen Bomber zu bestaunen. Wenn Kirchbaum das sah, bekam er jedes Mal einen Wutausbruch und er bestellte die Herren zur Belehrung und Bestrafung in die Ortsgruppe – jedoch ohne größere Konsequenzen. Der gute Nachbar Karl Kersting fiel wenig später einer Bombe zum Opfer.

Unser Vater war schon vor und während der gesamten Kriegszeit Betriebsratsmitglied der Frankfurter Niederlassung der Robert Bosch AG. Er wurde auf Vorschlag des kaufmännischen Direktors Walter Klaiß, eines Schwaben, und des technischen Direktors Hans Breitner, der mit einer Tochter des Stuttgarter Textilfabrikanten Bleyle (Slogan: Mütter, ihr spart Müh' und Geld, weil Bleyle stets am längsten hält) verheiratet war, in den aus mehreren Personen bestehenden Vertrauensrat, wie der Betriebsrat damals hieß, gewählt. Herr Klaiß wohnte feudal in der Zeppelin-Allee, im feinsten Frankfurter Westend, während Herr Breitner in Stuttgart wohnte und in Frankfurt arbeitete. Er erreichte jeden Montag im Laufe des Vormittags seinen Arbeitsplatz, nächtigte in einer kleinen Wohnung im Westend und fuhr Freitagnachmittag zurück nach Stuttgart zu Frau und Kindern. Herr Breitner erfreute sich in der Firma großer Beliebtheit. Auch mit meinem Vater pflegte er einen sehr guten Kontakt, was sich in beiderseitiger Wertschätzung ausdrückte.

Als ich während meines Aufenthalts in Hanau Anfang 1942 über ein Wochenende heimfahren durfte, fand ich meinen Vater bei meiner Ankunft vollkommen am Boden zerstört vor. Herr Breitner war fast eine Woche nicht an seinem Arbeitsplatz erschienen. Zu Hause war er auch nicht, seine Angehörigen hatten Vermisstenanzeige aufgegeben. Einige Zeit später hat man ihn gefunden, er hatte sich in einem Waldstück nahe Stuttgart erschossen.

Herr Breitner sollte sich bei einer Parteibehörde in Stuttgart wegen Überprüfung seiner Herkunft bzw. Identität melden. Er hatte in hoffnungsloser Situation den Freitod gewählt. Weder mein Vater noch seine Kollegen wussten, dass er Jude gewesen war.

Nach dem Passieren der Städte Przemysl und Lemberg gelangten wir allmählich in frisch erobertes Feindesland. Spätestens jetzt war damit zu rechnen, dass wir tagsüber aus der Luft und nachts von Partisanen angegriffen werden. Die Anweisung, die Flakgeschütze auf den offenen Güterwagen bereits in Hanau gefechtsmäßig in Stellung zu bringen, machte also durchaus Sinn.

Dieser Stellungswechsel war so ziemlich das Langweiligste, was mir je im Leben untergekommen ist. Ich machte mir meine Gedanken über die Zukunft und fragte mich, was wir in einem fremden Land wollten, bei fremden Menschen, deren Sprache wir nicht verstanden. Wieso sollte unsere Zukunft im Osten liegen – zu Hause haben wir es doch auch schön, Felder, Wälder, Wiesen und Städte, gutes Essen und Trinken? Die Wirklichkeit kam schnell zurück. Je weiter wir nach Osten kamen, desto kälter wurde es. Der schreckliche russische Winter war noch nicht zu Ende. Beim Wacheschieben, vor allem nachts, war unsere Luftwaffenbekleidung völlig unzureichend. Durch den riesigen blauen Luftwaffenmantel, der bis zur Erde reichte, und die dünnen Ohrenschützer blies der kalte Ostwind und wir zitterten wie Espenlaub. Das Einzige, was man uns beim Wacheschieben zugestand, waren neue Filzstiefel, vorne und hinten mit braunen Lederkappen versehen, die zwar schick waren, aber nicht besonders warm. Da diese Stiefel nur in Übergröße vorhanden waren, mussten wir unsere Füße zusätzlich zu den normalen Strümpfen, mit Fußlappen umwickeln und die Stiefel mit Stroh aus den mitgeführten Strohballen auspolstern. So waren wir notdürftig gegen Erfrierungen geschützt. Die wachfreien Kumpels konnten sich in der Zwischenzeit in den Viehwaggons bei geöffneter Schiebetür am offenen Feuer einigermaßen warmhalten. Von unseren Problemen bekam unser verehrter Herr Geschützführer Uffz. Willi Heil sehr wenig mit. Da inzwischen einige von den Landsern erkrankt waren, sollte auch er Wache schieben. Doch er begnügte sich mit gelegentlichen Kontrollen, ließ sich minutenlang Meldung machen, legte sich dann wieder auf den Sack und fraß sich die Kutte voll.

Das Schlimmste war die ewige Rangiererei, die partout kein Ende nehmen wollte – wann konnten wir, wenn auch in Feindesland, wieder ein menschenwürdiges Leben führen?

Andererseits hatten wir wenig Anlass uns zu beschweren, wenn man unsere Lage mit der anderer Landser verglich, die vielleicht in die Schlacht um Moskau verwickelt waren. Dort hatten sie Ende Oktober 1941 bereits die Türme des Kremls gesehen, dann kam der Wintereinbruch mit Temperaturen bis minus vierzig Grad und die sibirischen Elitetruppen, die unseren Truppen die erste große Russland-Niederlage beibrachten. Die in der Heimat gesammelten Pelz- und Winterbekleidungen kamen im Februar/März 1942 viel zu spät. So sind Abertausende von denen, die nicht im Kampf gefallen sind, erfroren. Und nur wenige haben, zum Teil mit schlimmen Erfrierungen, die Heimat wiedergesehen.

Die Verpflegung ließ inzwischen sehr zu wünschen übrig. Die zwei auf offenen Reichsbahnwagen montierten Gulaschkanonen sorgten noch für das Notwendigste an warmen Mahlzeiten. Auch die hygienischen Verhältnisse wurden zunehmend problematischer, doch noch blieben wir von Ungeziefer weitgehend verschont.

Nach sechs Tagen Fahrt befanden wir uns in der Ukraine. Wir durchführen die völlig zerstörte Großstadt Dnjepropetrowsk am reißenden Fluss Dnjepr, den wir mithilfe einer Notbrücke überquerten. Die Stahlbrücke war von unseren Pionieren gesprengt worden. Später erreichten wir Saporoschje, das zwar ebenfalls von den Deutschen zerstört, jedoch in Besitz eines riesigen intakten Staudamms war, der die Fluten des Dnjepr bändigte. Die Weiterfahrt nach Süden verlangsamte sich mehr und mehr. Erst später erfuhren wir den Grund: Pioniere der deutschen Wehrmacht mussten erst die breiteren russischen Bahngleise gegen die schmäleren deutschen austauschen, bevor wir passieren konnten. Außerdem mussten wir bei den unzähligen Stopps andauernd mit Partisanenüberfällen rechnen. Immer häufiger fragte ich mich, ob mein Vater doch recht behalten sollte mit seiner fixen Idee vom verlorenen Krieg. Ich versuchte diese Gedanken zu verdrängen, und das Wort Zukunft vorerst aus meinem Vokabular zu streichen. Was sollte aus uns werden, die wir frierend und hungrig in ein Land gebracht wurden, dessen Einwohner von unseren Landsleuten mit allen Mitteln bekämpft wurden? Was wird, wenn die Russen versuchen sollten, ihr Land zurückzuerobern? Aber das konnte ja nicht sein! „Wo der deutsche Soldat steht, kommt kein anderer hin“, sagten Adolf Hitler und seine Helfer. Allmählich näherten wir uns der Halbinsel Krim.

Bachtschisarei

Über die Landenge von Perekop erreichten wir nach zwölf Tagen die Tatarenstadt Bachtschisarei. Südlich davon gingen wir mit unseren Flakgeschützen und dem gesamten Batterietross in Stellung. Wir bestimmten unseren genauen Standort und waren nach 48 Stunden voll gefechtsbereit. Vom Feind war nichts zu sehen. Die üblichen unterirdischen Mannschaftsbunker, aus Holz gefertigt, zweieinhalb Meter tief, mit starkem Holzdach und darübergeschütteter Erde, konnten wir nicht bauen, da uns das Material fehlte und der Nachschub aus der Heimat auf sich warten ließ. Stattdessen errichteten wir Notunterkünfte, einen Meter tief, mit darübergespannten Zeltplanen. Als Matratzen benutzten wir eilig zusammengenähte Wehrmachtsdecken, die wir mit Stroh füllten. Stroh hatten wir in ausreichender Menge von zu Hause mitgebracht. Dann ging das Wacheschieben los – rund um die Uhr. Die Nächte waren eiskalt und wir hatten immer noch keine entsprechende Bekleidung, doch tagsüber war sehr schönes Wetter. Nach und nach wurde es wärmer, das subtropische Klima der Krim erleichterte uns den Aufenthalt.

Die Verpflegung war von Anfang an sehr schlecht. Außer unserem Hauptnahrungsmittel Brot („Barras"), das täglich frisch von einer Feldbäckerei gebacken wurde und auch recht gut schmeckte, hatte die Küche nur Dörrgemüse, Rote Bete und dünne Graupensuppe zu bieten. Der Barras wurde in sechs Teilen verabreicht. Die Teilung nahm unser verehrter Herr Geschützführer Uffz. Willi Heil vor. Dazu schickte er uns alle aus dem Zelt und rief uns erst wieder herein, wenn er seine gerechte Teilung beendet hatte. Zuvor hatte er sich wenigstens einen Kanten des wertvollen Brotes in die Wampe gehauen. Keiner fand den Mut, dieser offensichtlichen Ungerechtigkeit Einhalt zu bieten. Nur unser ältester Obergefreiter, Willi Näser, brachte es fertig, Herrn Heil unter vier Augen die Meinung zu geigen. Von da an durfte Näser das Brot teilen und wir waren alle dabei.

Der Näser Willi war ein Frankfurter Bub, 33 Jahre alt. Er war verheiratet und hatte einen Sohn. Er rauchte nur Zigaretten der Marke Janussi, vornehm verpackt in Schachteln zu 25 Stück, von denen er nur ganz selten mal eine abgab. Dafür verzichtete er großzügig auf die offiziellen Zigarettenzuteilungen. Er war an und für sich ein netter Kerl. Wir verloren uns später aus den Augen. Ob er überlebt hat, weiß ich nicht. Willi war dick befreundet mit Fred Eckstein, der in derselben Straße in Frankfurt-Bornheim wohnte.

Ein ähnlich übler Zeitgenosse wie Unteroffizier Heil war Wachtmeister Schiemann, ein Beutedeutscher aus Südtirol. Als unser rechtmäßiger Wachtmeister Heribert Steeg zum Erwerb des Offizierspatents auf der Kriegsschule war, versuchte dieser falsche Fünfziger als sein Vertreter neue Methoden im Zug einzuführen. In den Unteroffizieren Heil und Fink fand er willige Werkzeuge. Vor allem Unteroffizier Fink flüsterte ihm häufig etwas ins Ohr, was prompt umgesetzt wurde. Nachdem ich Schiemann bei passender Gelegenheit meine Meinung gesagt hatte, revanchierte er sich, indem er mich als letzten des gesamten Zuges zum Gefreiten beförderte. Eigentlich war Schiemann für den Posten viel zu alt, mit seinen über fünfzig Jahren. Außerdem soll er sechs Kinder gehabt haben. Er war einer der Ersten, die im Sommer 1942 in Urlaub fahren durften. Gott sei Dank kam er nicht mehr zur Truppe auf die Krim zurück. Keiner hat ihm je eine Träne nachgeweint.

Ich wunderte mich immer wieder, weshalb wir überhaupt auf die Krim gekommen waren. Russen waren keine mehr da, entweder waren sie tot oder geflüchtet. Einige Krimtataren, hauptsächlich Frauen und Kinder, fristeten ein karges Leben bei den Küchen, Kasinos und Ämtern des deutschen Wirtschaftskommandos Krim. Wenigstens bewahrte sie diese Beschäftigung vorm Verhungern. Die überlebenden männlichen Tataren hatte man als sogenannte Hiwis (Hilfswillige) eingekleidet und der deutschen

Wehrmacht einverleibt. Das Wirtschaftskommando Krim hatte die Aufgabe, die gesamten landwirtschaftlichen Erzeugnisse (Gemüse, Getreide, Fleisch etc.) für die deutsche Wehrmacht bereitzustellen. Dadurch wollte man die 390 000 Mann starke Krim-Armee in die Lage versetzen, sich selbst zu versorgen und die Lebensmitteltransporte aus der Heimat überflüssig zu machen. Die Krim ist ein ausgezeichnetes Agrarland, wo fast alles wächst: Melonen, Aprikosen, Äpfel, Birnen, Tomaten, im Süden auch Bananen, Apfelsinen, Datteln und Trauben. Die Selbstversorgung der Krim-Armee funktionierte jedoch nicht, weil unsere Führung, also das Offizierskorps und die Trosse, meinten, wir wären in der Etappe und der Krieg wäre ohnehin bald zu Ende. Die Herren lebten wie die Fürsten und feierten Feste, während wir in unseren Stellungen am Hungertuch nagten. Bei der Einnahme von Sewastopol fielen den deutschen Truppen im Frühsommer 1942 am Inkerman und in Balaklawa Tausende Flaschen Krim-Sekt in die Hände. Aus diesen riesigen Beständen haben wir nicht eine einzige Flasche bekommen, während unsere Herren Offiziere alles, was nicht mehr in die Gurgel passte, in großen Mengen nach Hause geschickt haben. Als wir später nach Kertsch verlegt wurden, nahmen Gelage und Orgien noch zu. Es wurden sogar Nutten aus Jalta und Aluschta geholt. Erste Adresse war eine russische Revue-Künstlerin, die „Rose von Jalta" und ihr Team, die in den Kasinos den Ton angaben. Zum Kreis der Feiernden gehörte auch unser Abteilungschef, der spätere 0berst Knecht.

Irgendwie mussten wir es schaffen, zusätzlich etwas zu essen zu bekommen. Von den Tataren konnten wir nichts bekommen, die hatten selbst nichts. Als Kriegsherren hätten wir ja die Möglichkeit gehabt, die Lebensmittel der einheimischen Bevölkerung zu beschlagnahmen, was wir jedoch strikt ablehnten. Außerdem wurde die Beschlagnahme laut Armeebefehl streng bestraft. Ich schrieb meiner Mutter und bat sie, mir auf dem schnellsten Weg Süßstoff, Zucker und vor allem Salz zu schicken. Nach vier bis fünf Wochen kam die erste Sendung, die aus zehn bis zwölf einzeln verschnürten Päckchen (das Gewicht pro Päckchen war auf 100 Gramm begrenzt) und mehreren Briefen bestand. War ich glücklich! Jetzt konnte ich mir endlich Mehl, Eier und Sonnenblumenöl (Semitschki) im Tausch gegen Süßstoff und Salz beschaffen. Wir besorgten uns alte Pfannen und backten Pfannkuchen und Plinsen. Auch an Brot versuchten wir uns. Die Zeit des Hungerns war endlich vorbei, wenigstens war jetzt genügend Grundnahrung vorhanden.

Als wir Mitte April 1942 in Bachtschisarei ankamen, befanden sich unsere Truppen noch auf dem Vormarsch in Richtung Sewastopol. Kurz vor der Stadt kamen sie jedoch durch starken Widerstand zum Stillstand. Die Befestigungsanlagen waren dermaßen stark, dass Sturzkampfbomber Ju 87 angefordert wurden, um die Anlagen sturmreif zu bomben. Dies alleine reichte jedoch auch nicht aus, sodass weitere Maßnahmen getroffen werden mussten, um die Einnahme Sewastopols voranzutreiben. Um Sewastopol zu halten, hatten die Russen starke Verbände ihrer Schwarzmeerflotte herbeigeschafft. Mit unseren Ferngläsern beobachteten wir aus etwa 2 km Entfernung Geschäftigkeiten größeren Ausmaßes, die auch nachts nicht eingestellt wurden. Wir konnten feststellen, dass die Eisenbahn-Pioniere Gleise verlegten. Der Grund war geheim, musste jedoch auf irgendeine Weise mit uns zusammenhängen. Schutz! Wir hatten die Aufgabe, etwas zu beschützen! Nur was, das wussten wir noch nicht.

Dann erfuhren wir es. Die Dora, das größte Geschütz der Welt, wurde installiert, um Sewastopol sturmreif zu schießen. Damit sollten die Befestigungsanlagen, die von zahlreichen russischen See- und Landstreitkräften verteidigt wurden, endgültig eingenommen werden. Hier einige Daten des eindrucksvollen Eisenbahngeschützes Dora:

Kaliber:	80 cm
Rohrlänge:	32 m

Panzerbrechendes Geschoss:	6,80 m
Sprenggranate:	8,20 m
Reichweite:	bis 47 km

Anfang Juni 1942 begann die Offensive auf Sewastopol. Uns wurde besondere Aufmerksamkeit bei Tag und Nacht befohlen. Der erste Schuss der Dora, von uns mit großer Spannung erwartet, wurde um die Mittagszeit eines strahlenden Sommertages abgegeben. Der Austritt des Geschosses aus dem Riesenrohr war genau zu sehen. Für den Abschuss wurde das schwere Geschütz etwa einen Kilometer nach vorn, in die Abschussposition gebracht. Durch den Rückstoss würde sich die gesamte Lafette nach hinten bewegen. Da man keine Vorstellung über die Wucht dieser Bewegung hatte, wurden spezielle Schutzgräben für die Abschussphase ausgehoben. Der Schuss war ein umwerfendes Erlebnis: Die Detonation war so gewaltig, dass es uns zu Boden riss. Die zurücksausende Lafette konnte durch elastische Puffer erst nach mehreren Hundert Metern aufgefangen werden. Dieser erste Schuss machte in der Innenstadt von Sewastopol ein mehrstöckiges Wohnhaus dem Erdboden gleich. Während der etwa zweiwöchigen Belagerung schoss die Dora 33 Sprenggranaten auf Ziele in und um Sewastopol. Sie riss Löcher in der Größenordnung eines Wohnhauses ins Erdreich, wie wir später aus der Krim-Zeitung erfahren konnten.

Der Einsatz dieses Riesengeschützes hat sich gelohnt. Innerhalb von 14 Tagen war die Krim von sowjetischen Truppen geräumt. Die Russen konnten nicht begreifen, wie es den Deutschen gelungen war, ein so großes Geschütz unentdeckt in Stellung zu bringen. Nach der Einnahme der Krim konnten sie den Standort der Dora ermitteln und versuchten nun, sie zu fotografieren. Dazu kamen sie am Tage mit sehr niedrig fliegenden Kampfflugzeugen vom Typ IL-2 über unsere Stellungen geflogen, jedoch ohne zu schießen oder zu bombardieren. Die Dora jedoch war in etwa zwei Kilometer Entfernung auf einem Nebengleis abgestellt, perfekt mit Tarnnetzen abgedeckt, und so für die Russen nicht aufzufinden. Trotz der niedrigen Flughöhe kamen wir mit unseren Flakgeschützen nicht zum Schuss, so schnell waren die russischen Maschinen. Erst später, als die Russen die Polikarpov Po-2 Kukuruznik, die „Nähmaschinen“, einsetzten, kamen wir zum Schießen. Sie wurden Nähmaschinen genannt, weil sie so ratterten. Es waren mit zwei Mann besetzte einmotorige Doppeldecker. Sie tauchten im Morgengrauen aus dem Nichts in 100 Meter Höhe auf, warfen eine einzige 4 Zentner Bombe auf unsere Stellungen und beharkten uns dann in mehreren Anflügen mit MG Leuchtspur. Die sahen sogar das Glühen von Zigaretten und beschossen einzelne Landser. Später kamen in Minutenabständen mehrere geflogen. Wir selbst haben nie eine Maschine getroffen. Bei Helligkeit war der Spuk vorbei. Wenige Tage nach dem Fall von Sewastopol wurde die Dora abgebaut und ins Reich zurückgebracht.

Die Luftangriffe bei Tag und Nacht nahmen zu, da die Sowjets auch unsere Flakstellungen zerstören wollten – zu groß war die Wut über das verloren gegangene Sewastopol. Unsere Batterie wurde auf volle Gefechtsstärke gebracht und wir erhielten zur Verstärkung einen fünften Zug unter Führung von Oberwachtmeister Robert Kirsten, einem Rheinländer, der, selbst unerfahren, mit seinen jungen Rekruten an die Front geworfen worden war. Von jedem der anderen Züge wurden erfahrene Landser abkommandiert, um die jungen Flaksoldaten im Umgang mit den ebenfalls neu eingetroffenen Geschützen zu unterweisen. Kirsten, der lediglich Kasernenausbildung vorweisen konnte, wollte sich von meinen Kameraden nichts sagen lassen, und schon war der Krach da! Bei einem Übungsschießen mit scharfer Munition auf Erdkampfziele geriet Kirsten auf unerklärliche Weise in die Schusslinie einer Panzergranate und wurde tödlich getroffen. Der Richtschütze, einer meiner Kameraden, bekam einen Nervenzusammenbruch und landete im Lazarett. Kirsten wurde im Rahmen einer großen Trauerfeier mit militärischen Ehren beigesetzt. Gefallen auf dem Feld der Ehre für Führer, Volk und Vaterland. Aufgeklärt wurde der Fall nie. Laut Bericht der Batterie-Nachrichten geriet Kirsten durch eigenes Verschulden in die Schusslinie. Die Angehörigen wurden entsprechend benachrichtigt und der fünfte, ungeliebte Zug erhielt einen neuen Zugführer, der von irgendwo herkam. Unsere Kumpels kehrten in den alten Wirkungsbereich zurück. Später wurde der fünfte Zug auf Betreiben unseres Batteriechefs Hauptmann Reichert zu einer anderen Flakeinheit verlegt.

Ende Juni 1942 war der Krimfeldzug beendet. Der Vormarsch unserer Truppen im Mittel- und Südabschnitt in Richtung Stalingrad ging sehr gut voran. Charkow wurde zum wiederholten Male eingenommen, so hatte man immer wieder etwas zu feiern. Wir freuten uns schon, dass der Krieg bald vorbei sein könnte, und machten Pläne für die Zukunft zu Hause. Leider machten verschiedene unvorhergesehene Ereignisse diese Hoffnungen wieder zunichte. Beim Ausheben von Ersatzstellungen und Munitionsbunkern machten wir eine entsetzliche Entdeckung. Nur wenige Zentimeter unter der Erdoberfläche stießen wir auf bekleidete männliche Leichen. Wir alarmierten unsere Obrigkeit und erhielten den Befehl, die Leichen wieder mit Erde zu bedecken und an einer anderen Stelle zu graben. Wir hatten keine Ahnung, was für Menschen dort zu Tode gekommen waren und sollten auch nicht nachfragen. Immer wieder sickerten Gerüchte durch, sodass wir vermuteten, dass sich entweder die Russen beim Rückzug dieser Menschen entledigt hatten oder dass die SS irgendwie die Finger im Spiel hatte.

Soldatenleben

Außer Wache schieben, war mal wieder nicht viel zu tun – die Front war weit weg. Wir durften Ausflüge in die Umgebung zu machen, das Tatarenschloss in Bachtschisarai und die alten Felsenwohnungen besichtigen und uns der tatarischen Bevölkerung nähern. Das war eine nette Abwechslung in der Eintönigkeit und Einsamkeit unseres Soldatendaseins. Die Bildung kam in diesen Zeiten ja viel zu kurz. Man konnte nur an diesen blöden Krieg denken, war gezwungen, Befehle auszuführen und ansonsten zu sehen, dass man etwas auf die Rippen bekam. Man wurde apathisch, uninteressiert und lernte nichts fürs spätere Leben hinzu. Das immer gleiche Geschwätz der Kameraden und der Vorgesetzten brachte einen auch nicht weiter. Die einzige Lektüre waren die spärlichen Briefe aus der Heimat, an Literatur war überhaupt nicht heranzukommen. So wurde man zusehends stumpfsinniger. Man stellte sich die Frage nach dem Sinn des Lebens und träumte von der Liebe. Was wusste ich damals eigentlich davon? Nichts! Würde ich jemals mit einer Frau geschlechtlich in Berührung kommen? Ich war blutjung und hoffte, dass dieser verfluchte Krieg ein Ende nehmen möge, bevor diese ganzen Organe verkümmert waren. Vielleicht würde ich ja Glück haben und später einmal mit einer Frau zusammen ein normales Leben führen können.

Es wurde Sommer und das subtropische Klima der Krim begann, seinen Tribut zu fordern. Tagsüber eine Hitze zum Umfallen und nachts Temperaturen nahe dem Gefrierpunkt. Hinzu kam, dass fast jeder zweite Landser wegen der um sich greifenden Ruhr von Durchfall geplagt wurde. Schwere Fälle mussten nach Simferopol ins Feldlazarett eingeliefert werden. Auch etliche Todesfälle waren zu beklagen. Ich selbst bin mit leichterem Durchfall davongekommen und in unserer Batterie konnte man sich mit Kohletabletten ganz gut kurieren.

Langeweile griff um sich – man suchte nach Möglichkeiten, sich zu bewähren. Und die Gelegenheit sollte kommen. Im Jaila-Gebirge hatten sich Partisanen verschanzt, die immer wieder die deutschen Stellungen angriffen. Freiwillige für einen Stoßtrupp wurden gesucht. Ich habe mich nicht gemeldet. Nicht weil ich Angst gehabt hätte – Angst hatte ich während des gesamten Krieges nicht – sondern aus Prinzip und weil ich mir sicher war, dass ich damit irgendwann wieder heil nach Hause kommen würde. Doch nicht alle Kameraden teilten meine Einstellung. Da war beispielsweise Willi Jacobs, wie ich aus Frankfurt. Er suchte Selbstbestätigung, wollte vor Schiemann glänzen und meldete sich freiwillig für dieses Himmelfahrtskommando. Etwa zehn Mann machten sich auf ins Jaila-Gebirge. Dort kamen sie prompt in einen Hinterhalt, zwei oder drei Mann verloren ihr Leben. Jacobs wurde schwer verwundet. Er kam zurück in die Heimat und soll nach seiner Genesung an einem Offizierslehrgang teilgenommen haben und außerdem in den Kader des damaligen Reichstrainers der deutschen Fußballauswahl Nerz berufen worden sein. Ich habe nie mehr etwas von ihm gehört.

Der Sommer ging zur Neige, Ende Juli begann eine rege Urlaubstätigkeit. Unser Zugführer Wachtmeister Schiemann fuhr nach seinem Urlaub auf Flaklehrgang nach Schongau und kam nicht wieder. Sonst waren hauptsächlich die Familienväter die Aspiranten für Heimaturlaub: Willi Näser, Fred Eckstein, der Wiener Günter Wutz, der Denunziant Unteroffizier Fink. Ich selbst konnte vorerst nicht mit Urlaub rechnen, hatte ich doch erst im Dezember 1941 von Hanau aus zwei Wochen genießen dürfen. Einige Kameraden wurden überfällig, sie kehrten aufgrund schlechter Transportmöglichkeiten zum Teil erst Wochen später zur Einheit zurück.

Inzwischen war es Herbst geworden. Im Südabschnitt ging es heiß her. Im Oktober meldete die Krim-Zeitung, unsere einzige Nachrichtenquelle: „Die russische Front befindet sich in vollständiger

Auflösung. Es dauert nur noch Tage, bis die Bolschewisten zerschlagen sind." Die Sondermeldungen des Oberkommandos der Deutschen Wehrmacht überschlugen sich. Heute wissen wir, dass dieser Optimismus unangebracht war. Nachdem die Russen unsere Armee praktisch unbehelligt bis Stalingrad hatten vorstoßen lassen, wartete dort die übermächtige sowjetische Armee, dank amerikanischer Hilfe bestens ausgerüstet und versorgt. Die 6. deutsche Armee unter Generalmajor Paulus wurde vom Nachschub abgeschnitten, von der Roten Armee eingekesselt und vernichtet. Nur ein kleiner Teil der Offiziere und Mannschaften konnten sich retten, indem sie buchstäblich in letzter Minute von Ju-52 Maschinen ausgeflogen wurden. Etwa 90 000 Landser gingen in russische Gefangenschaft. Von dieser Tragödie, die sich zwischen November 1942 und Januar 1943 abspielte, erfuhren wir auf der Krim so gut wie nichts. Allerdings machten Meldungen über sogenannte Frontverkürzungen die Runde, was zu düsteren Ahnungen Anlass gab.

An unserem Standort war es nach wie vor ruhig. Nachdem Sewastopol gefallen war, stießen andere deutsche Verbände über Feodosia nach Kertsch vor, setzten über zur Halbinsel Taman und schickten sich an, den Kaukasus samt dessen höchsten Berg, den Elbrus, in Besitz zu nehmen. Einen großen Verdienst daran hatten die deutschen Gebirgsjäger und mit ihnen mein Kamerad aus der Handelsschule, Georg Bösser aus Dreieichenhain. In der Nachkriegszeit haben wir beide mit unseren Frauen und Angehörigen viele schöne Stunden verbracht. Leider ist Georg vor einigen Jahren verstorben.

Zwischenzeitlich versuchten sowjetische Seestreitkräfte immer wieder, in der Nähe von Feodosia einen Brückenkopf zu bilden und Feodosia zurückzuerobern. Sie wurden von unseren Truppen immer wieder zurückgeschlagen.

Der Herbst 1942 war verhältnismäßig ruhig. Orden und Auszeichnungen wurden verteilt, wie beispielsweise das Krim-Schild, ein

Stoffemblem, das auf den rechten Ärmel des Waffenrocks genäht werden musste. Wir schoben Wache und die Krim-Zeitung meldete unverdrossen, dass der Endsieg nicht mehr fern sei.

Oberwachtmeister Steeg kehrte als Leutnant aus dem Reich zurück und wurde Batterieoffizier, da Leutnant Sulzer ein neues Kommando im Mittelabschnitt übernahm. Dort ist er später auch gefallen – schade um ihn, er war ein feiner Mensch! Neben seiner Funktion als Batterieoffizier und rechte Hand des Batteriechefs führte Leutnant Steeg weiterhin unseren Zug. Ich hatte einen sehr guten Draht zu ihm, was aus unserer Hanauer Zeit herrührte, als auch er an Uschi interessiert war, der schönen Balletttänzerin. Heribert Steeg war ein Jahr älter als ich. Er stammte aus Krefeld, wo sein Vater eine Textilfabrik betrieb. Irgendwie wollte er mich immer beschützen und aus dem schlimmsten Schlamassel heraushalten. Ich merkte das, die anderen auch. Eines Abends ließ er mich auf seine Bude kommen und machte mir das Angebot, bei ihm den Burschen oder, wie man so sagte, Putzer zu machen. Ich sagte ihm, es täte mir leid, aber eine solche Arbeit könne ich nicht übernehmen, da ich bei meinen Kameraden bleiben wollte. Obwohl er sonst keinen Widerspruch duldete, nahm er meine Ablehnung ohne zu zögern an. Heinz Gries hat die Stelle dann übernommen und wohl auch recht gut gemacht. Allerdings erzählte mir Steeg bei einer passenden Gelegenheit, er würde seine Arbeiten angehen wie ein Storch im Salat. Ich hatte mir jedenfalls vorgenommen, keinem Vorgesetzten die Stiefel zu putzen.

Eines Tages wurde ich zum Batteriegefechtsstand befohlen, wo mich Hauptmann Reichert, unser Batteriechef, und Leutnant Steeg erwarteten. Hatte es der Heribert doch geschafft, mir einen ruhigeren Posten zu beschaffen! Obwohl ich nicht wollte, musste ich – Befehl ist Befehl – im Batteriegefechtsstand Quartier nehmen und bei den hohen Herren Wache schieben, wenigstens für einige Wochen. Eines stand fest: Die Verpflegung war dort wesentlich besser! Ich holte meine Klamotten aus der Stellung und bereitete mich auf diesen besonderen Einsatz vor. Der Turnus sah jeweils zwei Stunden Wache und vier Stunden Ruhezeit vor. Die erste Wache hatte ich morgens von 4 bis 6 Uhr. Es stand ein Scherenfernrohr zur Verfügung, das mir Leutnant Steeg zuvor erklärt hatte. In der Morgendämmerung, so gegen 5 Uhr, hörte ich plötzlich Schüsse. Zuerst konnte ich durchs Fernrohr nichts erkennen, doch nachdem in kurzen Abständen immer wieder Schüsse fielen, konnte ich sehen, was los war: Ungefähr dreißig bis vierzig kniende Männer wurden durch Genickschüsse getötet und einen Abhang hinuntergestoßen. Da hatte ich doch mit eigenen Augen ansehen müssen, was Gerüchte immer wieder behaupteten und worüber nicht geredet werden durfte! Rollkommandos der SS mit mehreren menschenbeladenen Lkws im Gefolge tauchten plötzlich auf, verrichteten ihr blutiges Werk und verschwanden ebenso schnell wieder. Ich war so aufgewühlt, dass ich in dem Moment gar nicht wusste, ob ich die Offiziere wecken und Meldung machen sollte. Jedoch hatte man im Gefechtsstand wohl etwas gehört, denn plötzlich stand Hauptmann Reichert vor mir. Er nahm meine Meldung schweigend entgegen und sagte nur. „Kull vergessen Sie, was Sie gesehen haben!" Seit diesem Ereignis litt ich unter Albträumen.

Wenige Wochen später, wieder am Geschütz, wurden meine Kameraden und ich eines Nachts geweckt. In einer weit entfernten Flakstellung war am Abend ein Soldat erstochen worden. Ein mir bekannter Obergefreiter, der erst vor Kurzem von unserer Batterie dorthin versetzt worden war, soll als Täter festgenommen worden sein. Als wir dort ankamen, hatte die Feldpolizei bereits ganze Arbeit geleistet. Der Verdächtige lag, mit Handschellen und Seilen gefesselt, am Boden. Niemand durfte mit ihm sprechen. Wir sollten ihn zum nächstgelegenen Kriegsgericht nach Djankoi transportieren. Wie das Verfahren ausgegangen ist, haben wir nie erfahren.

Die Südkrim war befreit und unsere Aufgabe damit erfüllt. Vor dem nächsten Sturm sollten wir uns gut ausruhen und neue

Kraft schöpfen. Weil akute Partisanengefahr herrschte und sich die Überfälle auf deutsche Soldaten häuften, wurde ein Ausgehverbot verhängt und erhöhte Alarmbereitschaft angeordnet. Dienstreisen durften nur in Stärke von mindestens fünf Mann angetreten werden. Wachsamkeit war höchstes Gebot. Die krimtatarische Bevölkerung hatte große Angst. Die Menschen betrachteten sich als unsere Verbündete und erwarteten dafür, von uns geschützt zu werden. An einer Rückkehr der Russen waren sie nicht interessiert.

Die Wehrmacht war inzwischen dazu übergegangen, in jeder größeren Stadt auf der Krim Soldatenheime zu errichten, um deutschen Soldaten bei der Durchreise Unterkunft und Verpflegung bieten zu können. Auch als Besucher konnten Landser nach Vorzeigen eines gültigen Marschbefehls dort Einkehr halten und gegen Bezahlung in Rubel wurde man auch verköstigt. Ein solches Soldatenheim hatte man nördlich von uns, in Simferopol, errichtet. Das ausgesuchte Gebäude war beschlagnahmt und dann für deutsche Bedürfnisse umgebaut und ausgestattet worden. Man sorgte bereits für die Zeit nach dem gewonnenen Krieg vor.

Wir hörten von dem Soldatenheim und hätten es uns gerne einmal angeschaut. So reichten wir zu fünft einen Tag Urlaub ein, der von Leutnant Steeg ohne Umstände genehmigt wurde. Die Fünf waren Heinz Gries, Rainer Haas, Karl Gies, Willi Näser und ich. Es war ein wunderschöner sonniger Tag Ende Oktober 1942. Mit einem Wehrmachtslaster reisten wir per Anhalter die etwa 70 km nach Norden, bis in die Innenstadt von Simferopol. Hier war ein Leben und Treiben wie im Frieden, wir bekamen vor Staunen den Mund nicht mehr zu! Der Weg zum Heim war gut beschildert und wir betraten, nachdem wir noch kurz die Stadt besichtigt hatten, um die Mittagszeit das Restaurant des Soldatenheims. Wir waren hingerissen von dem Luxus mitten im Krieg. Hübsche und gut gekleidete Kellnerinnen und Kellner, lauter Einheimische, bedienten die Gäste: Soldaten, Unteroffiziere und Offiziere aller Waffengattungen der deutschen Wehrmacht. Die Speisekarte bot für wenig Geld – bezahlt wurde in Rubel – ein schmackhaftes Essen. Ich bestellte Gulaschsuppe und Schweinebraten mit Kartoffelpüree und Wirsinggemüse, für die damalige Zeit ein fürstliches Essen. Alkoholische Getränke wurden nicht angeboten, es gab nur Sprudel und Limonaden. Alkohol erhielten wir nur in der Batterie als Marketenderware kostenlos. Außerdem wurde Beute-Wodka, der in Korbflaschen von 20-30 Liter Inhalt abgefüllt war, je nach Standort an die Geschützbesatzungen ausgegeben. Nach der Mahlzeit erkundeten wir erst einmal die Umgebung. Neben dem Restaurant verfügte das Heim über ausgezeichnete Toiletten, Aufenthaltsräume und eine Bibliothek mit Lesezimmer. Die Zimmer, in denen man übernachten konnte, waren mit sanitären Einrichtungen ausgestattet. Das alles ließ heimatliche Gefühle in uns aufkommen, sodass wir uns am liebsten in den nächsten Zug in Richtung Heimat gesetzt hätten.

Plötzlich entdeckte ich an einem Offizierstisch meinen früheren Grundschullehrer Karl Stricker. Erst wollte ich weitergehen, denn in der Schule konnte er mich nicht leiden und ich ihn auch nicht. Stattdessen siegte meine gute Erziehung, ich baute mich also vor ihm auf und meldete: „Herr Hauptmann, Gefreiter Karl Kull wünscht, seinen früheren Schullehrer begrüßen zu dürfen." Er bedankte sich und bat mich, neben ihm Platz zu nehmen. Er konnte sich zwar noch an mich erinnern, doch Einzelheiten waren ihm entfallen.

Am 1. April 1928 wurde ich eingeschult. Ich war der Jüngste in der Klasse. Ein schlechter Schüler war ich nie und mit dem Spanischen Rohrstock machte ich wenig Bekanntschaft. Stricker war überheblich und brutal. Der Delinquent musste sich bücken, dann wurde die Hose strammgezogen und ihm fünf bis zehn derart starke Stockhiebe verpasst, dass gelegentlich sogar der Rohrstock brach. Die Splitter warf Stricker dann wutentbrannt an die Wand. Die Hiebe taten sehr weh und jeder, der auf diese Weise bestraft wurde, hat vor Schmerzen und Wut geweint. Mehrmals beschimpfte er mich im Gesangsunterricht mit der Bemerkung: „Du singst wie ein abgehackter Hahn". Damit hatte er zwar recht, aber die Note Drei, die er mir fortan immer gab, war trotzdem ungerecht. Schließlich war ich Klassenbester im Notenlesen. Das hat er aber nie berücksichtigt. Ich wurde überhaupt von ihm total unterbewertet, was sich im vorletzten Schuljahr nach einem Lehrerwechsel herausstellte.

Vor Beginn der Nazi-Zeit beteuerte Stricker öfters, dass er über allen Parteien stehen und sich politisch nicht betätigen würde. Das geschah mitten im Unterricht und er stellte sich dazu, weil er ziemlich klein geraten war, immer auf die Zehenspitzen. Einen Tag nach der Machtübernahme stellte er sich wieder vor die Klasse und erzählte uns groß und breit, dass er schon lange Nationalsozialist und Parteimitglied sei. Morgens bei Schulanfang sollten wir ihn nur noch mit Heil Hitler begrüßen und außerdem sollten wir möglichst schnell dem Jungvolk beitreten. Dann durfte jeder sein Parteiabzeichen bewundern, das er vorher immer hinterm Revers versteckt getragen hatte.

Durch seine Parteizugehörigkeit öffneten sich für Karl Stricker ungeahnte berufliche Aufstiegsmöglichkeiten. Er erzählte, dass er, bevor ihn die Nazis zu den Fahnen riefen, Rektor an einer Frankfurter Mittelschule gewesen war. Seine mit am Tisch sitzenden Offizierskollegen waren erstaunt, dass er einen Flak-Gefreiten an seinen Tisch gebeten hatte. Vorgestellt wurde ich nicht. Stricker war sehr freundlich zu mir. Er fragte mich nach Eltern und Geschwistern. An meine Mutter konnte er sich wohl noch erinnern. Sie hatte ihm einmal wegen der Bemerkung mit dem abgehackten Hahn die Meinung gesagt. Das muss ihn beeindruckt haben. Mutter war ja auch eine schöne Frau, die sich in jeder Situation behaupten konnte. Jedenfalls hatte sich unser Verhältnis danach etwas entspannt.

Schöne Frauen hatten es dem Karl Stricker immer angetan. Die Mutter meines Klassenkameraden Willi Gehlhaar – Gehlhaars wohnten gegenüber der Ackermannschule – besuchte ihn häufiger in der Schule. Das war sehr merkwürdig, denn Willi war ein guter Schüler und es bestand eigentlich kein Anlass für seine Mutter, so oft beim Lehrer vorstellig zu werden. Wie sich später herausstellte, hatte Stricker tatsächlich ein Verhältnis mit Frau Gehlhaar.

Hauptmann Stricker fragte mich also nach meinen Wünschen und bestellte mir etwas zu trinken, was ich schlecht zurückweisen konnte. Dann fragte er nach meinem Standort, brachte das Gespräch auf den Urlaub und schwärmte mir von unseren großartigen Aussichten für den Endsieg vor. Nach etwa zwanzig Minuten, meine Kameraden machten schon Zeichen, verabschiedete ich mich von ihm und der Offiziersrunde. Ich habe Karl Stricker nie mehr wiedergesehen. Jedoch hörte ich nach dem Krieg, dass er trotz seiner Nazi-Vergangenheit Lehrer und später Rektor an einer Volksschule im Frankfurter Süden geworden war. Das berichtete mir einer der Lehrlinge, die ich später zum Bürokaufmann ausbildete.

Nach Bachtschisarai zurückgekehrt wimmelte es nur so von Gerüchten. Erst hieß es, wir würden verlegt, dann hieß es, die Russen wären in Stalingrad durchgebrochen und befänden sich auf dem Marsch zur Krim. Wegen einer Gelbsuchtepidemie konnte unsere Einheit jedoch vorerst nicht verlegt werden. Jeder Zweite, auch ich, litt unter der Krankheit, einer äußerst unangenehmen, durch Viren verursachten Leberentzündung, erkennbar durch die gelben Augäpfel. Mich ekelte es vor allen Speisen, hauptsächlich vor allem Fetten wie Butter und Speck. Insgesamt müssen einige Tausend Kameraden betroffen gewesen sein, was unsere Schlagkraft über Wochen stark beeinträchtigte. Unsere Führung handelte schnell. Neben den bereits bestehenden Lazaretten in Simferopol wurden etliche Notlazarette eingerichtet.

Die Betroffenen wurden eingeliefert, gründlich untersucht und auf Diät gesetzt. Innerhalb von vier Wochen hatte man uns wieder hochgepäppelt. Das Beste an der Sache war, dass uns täglich ein Viertel deutscher Rotwein mit einem frischen Eidotter verrührt verabreicht wurde. Außerdem wurde jedem Kranken nach der Genesung ein Heimaturlaub versprochen. Das hätte wirklich gut gepasst, Weihnachten zu Hause, nur leider wurde nichts daraus. Infolge der Stalingrad-Ereignisse war Urlaubssperre verhängt. Als Urlaubsersatz erhielten wir eine zehntägige Landverschickung ans Asowsche Meer. Unsere Begeisterung hielt sich in Grenzen.

Innerhalb weniger Tage erhielten Karl Gies, Heinz Gries, beide ebenfalls von der Gelbsucht betroffen, und ich die Marschbefehle zum Antritt des Genesungsurlaubs. Mit einem bereitgestellten Armeelastwagen erreichten wir in wenigen Stunden ein kleines Dorf am Asowschen Meer. Wir drei hatte eine Einquartierung in einem kleinen Häuschen bei einer russischen Lehrerin, die perfekt deutsch sprach. Sie empfing uns sehr freundlich, führte uns in den Wohnraum und bat uns, auf den alten und ziemlich abgewetzten Plüschsofas Platz zu nehmen. Sie bot uns eine selbst gemachte Limonade an, die zwar nicht sehr gut schmeckte, aber hervorragend den Durst löschte. Ihres und auch einige andere Häuser im Dorf waren von den deutschen Behörden zur Aufnahme erholungsbedürftiger Soldaten ausgesucht worden. Jedoch nur zum Übernachten. Unsere Mahlzeiten nahmen wir in einer Kantine in der Mitte des Dorfes ein, die extra für uns eingerichtet worden war. Unsere Gastgeberin, die etwa fünfzig Jahre alt gewesen sein dürfte, machte auf uns einen sehr guten Eindruck. Wegen des Krieges durfte sie nur sehr wenig Unterricht halten, und dies ohne Lohn. Für unsere Unterbringung bekam sie von den deutschen Behörden etwas Geld. Im Laufe des Gesprächs begann es, uns drei an verschiedenen Körperstellen zu jucken. Wir untersuchten die Sessel und fanden jede Menge Wanzen. Wir erklärten der Lehrerin, dass wir hier nicht bleiben könnten, worauf sie jämmerlich zu weinen anfing. Sie hätte kein Geld um Desinfektionsmittel zu kaufen und wüsste ohnehin nicht, wie sie an solche Mittel herankommen sollte. Sie befürchtete, wir würden sie bei den Behörden verpfeifen, hatte sie bei der Quartiervergabe doch versichern müssen, ungezieferfrei zu sein. Wir machten uns also auf zur Kantine und fragten, wo man zum eigenen Schutz Desinfektionsmittel bekommen könnte. Man schickte uns zu einem in der Nähe gelegenen Feldflugplatz-Depot, wo wir Ungeziefer-Bekämpfungsmittel in ausreichender Menge erhielten. Innerhalb weniger Stunden machten wir den Wanzen den Garaus. Die Freude bei unserer Wirtin war unbeschreiblich. Jetzt war sie nicht mehr zu bremsen. Von irgendwo her zauberte sie frische Eier, Milch, Joghurt, Mehl, Obst und Gemüse. Aus der Kantine beschafften wir Zucker, Salz und Süßstoff, Dinge an die unsere Gastgeberin nicht herankam. Sie kochte für uns echten russischen Borscht und buk die schönsten und leckersten Kuchen. Es wurden zehn unbeschwerte Tage. Niemand kümmerte sich um uns und wir konnten tun und lassen, was wir wollten. Nur zu den Essenszeiten mussten wir pünktlich erscheinen – eine deutsche Kantinenbesatzung arbeitet schließlich nach einem festgelegten Dienstplan. Das Essen war übrigens gut und reichlich. Auch unsere Wirtin hat manch gutes Häppchen abbekommen. Die Zeit ging viel zu schnell vorbei und am elften Tag standen die Lastwagen wieder bereit, die uns zur Truppe zurückbringen sollten. Es gab einen tränenreichen Abschied.

Nach unserer Rückkehr wurden wir, völlig überraschend, innerhalb weniger Tage an eine Bucht am Schwarzen Meer, zwischen Feodosia und Kertsch, verlegt. Als wir mit unseren Krupp-Boxern oberhalb der Bucht ankamen, setzte gerade ein Flugboot zur Landung auf dem Wasser an, ein toller Anblick. Etwa zehn bis zwölf Maschinen dieses Typs, die, ausgerüstet mit mehreren Bordkanonen, als Tag- und Nachtaufklärer eingesetzt wurden, lagen vor Anker. Unsere Aufgabe war es, sie vor Angriffen aus der Luft zu schützen. Wir richteten die bereits vorhandenen Unterkünfte, halb in die Erde eingebaute Holzhütten, her und brachten unsere Geschütze in Stellung. Auch Pferdeställe gab es und einige Panje-Pferde tollten in der Gegend herum. Jetzt kam die große Stunde von Unteroffizier Fink. Endlich hatte er Gelegenheit, uns seine Reitkunst zu zeigen. In der Freizeit führte er mit einem Panje-Hengst halsbrecherische Kunststücke im Cowboystil vor, die ihresgleichen suchten. Jeder der wollte, konnte unter seiner Anleitung das Reiten lernen. Auch ich nutzte die Möglichkeit und lernte reiten. Es sollte sich noch auszahlen.

Zu dieser Zeit fuhr Unteroffizier Willi Heil auf Heimaturlaub, versehen mit den besten Wünschen auf ein Nimmerwiedersehen. Das Schicksal war uns gnädig, Willi Heil ist tatsächlich nicht mehr zur Einheit zurückgekehrt. In Kertsch erzählte man sich später, dass er in der Heimat verhaftet, degradiert und vor ein Kriegsgericht gestellt worden war. Was er angestellt hatte, wusste niemand zu sagen. Wir empfanden es jedenfalls als gerechte Strafe dafür, dass er uns bei der Aufteilung der Lebensmittel immer betrogen hatte.

Einige Wochen später wurden wir abermals verlegt, trauerten unseren Panje-Pferdchen nach und kamen tatsächlich vom Regen in die Traufe. Wir landeten auf der anderen Seite des Landstreifens zwischen Kertsch und Stavropol, in der Nähe des Asowschen Meers, wo wir Werften, Docks und Fabrikgebäude beschützen sollten. Vor uns waren bereits 2-cm-Vierlings- und 3,7-cm-Flakbatterien in Stellung gegangen. Wir kamen als Verstärkung hinzu. Es war ein sehr unangenehmes Kommando, zumal Ende November 1942 Regen einsetzte. Die uns zugewiesenen, oberirdischen, von Hand hergestellten Holzbaracken waren in einem miserablen Zustand und nicht ungezieferfrei. Wir mussten mit radikalen Mitteln den Wanzen, Schaben und Flöhen zu Leibe rücken, um einigermaßen vernünftig hausen zu können. Überall war es feucht, schmutzig und matschig. Ich fragte mich mal wieder, womit wir das verdient hatten. Warum hängen wir eigentlich, so weit entfernt von der Heimat, hier herum?

Dann kam die Krätze, eine scheußliche Hautkrankheit, die durch Milben hervorgerufen wird. Das Jucken begann in den Armbeugen und dehnte sich innerhalb weniger Tage auf den ganzen Körper aus. Die Krätze ist hochansteckend, auch ich wurde nicht verschont. Hier musste auf schnellstem Wege Abhilfe geschafft werden. Ein leer stehendes Holzhaus wurde umgehend als Quarantäne-Station hergerichtet. Daneben wurde innerhalb kürzester Zeit eine Nissenbaracke aus Wehrmachtsbeständen aufgestellt, in die Stabsarzt Dr. Günter Hammer mit seinem Team einzog, übrigens ein netter Typ, der für seine Kranken unermüdlich im Einsatz war. Jeder Betroffene wurde untersucht, erhielt einen 3-Liter-Eimer mit gelbem Einreibefett, einen Satz lange Unterwäsche, gebrauchte, desinfizierte Uniformstücke und eine Einweisung in die Quarantäne-Station. Das Fett musste man selbständig auf dem gesamten Körper auftragen, beim Rücken halfen wir uns gegenseitig. Der Aufenthalt in der Station dauerte fünf bis sieben Tage, war zwar recht unangenehm doch auch ganz lustig. Immerhin wurden wir sehr gut versorgt und gepflegt. Danach hat man uns entlaust, gründlich geduscht und neu eingekleidet. Die alten Klamotten wurden verbrannt. Der Doktor klopfte gerne einen gepflegten Skat, und in der Zeit der Quarantäne hatten wir öfters Gelegenheit zu spielen. Diese Praxis wollten wir weiterführen. Also wurde ich plötzlich wegen Unwohlseins von ihm krankgeschrieben, bekam im Krankenrevier ein Bett zugeteilt und sollte mich in den nächsten 14 Tagen richtig auskurieren. Nach Feierabend trafen wir uns zu viert auf des Doktors Bude und klopften Skat bis in die frühen Morgenstunden. Gottseidank gab es in dieser Zeit kein einziges Mal Fliegeralarm. Meine Genesung machte gute Fortschritte, sodass ich laut Befehl des Stabsarztes leichtere Pflegearbeiten im Revier verrichten konnte. Ich hatte in Deutschland einmal an einem Sanitätskursus teilgenommen und konnte diese Kenntnisse jetzt gut gebrauchen.

Dann wurden wir nach Kertsch-Stadt verlegt und bezogen Stellung direkt am Schwarzen Meer, zunächst in einem Provisorium. Splittersichere Erdbunker mussten wir erst bauen. Das waren stabile Holzhütten, die in von uns ausgehobenen, zwei Meter tiefen Löchern versenkt wurden. Die Arbeiten zogen sich wochenlang hin, dabei war Eile geboten, denn der Winter stand vor der Tür. Auch an den Toilettenanlagen wurden Verbesserungen vorgenommen – Sauberkeit und Hygiene hatten in unserer Flakbatterie einen hohen Stellenwert. Zu allem Unglück mussten wir erfahren, dass uns unser Batteriechef Hauptmann Reichert aus Altersgründen verlassen würde. Er war uns mit seiner Güte sehr ans Herz gewachsen. Wir haben nichts mehr von ihm gehört. Neuer Batteriechef wurde Oberleutnant Walter Bischoff, Opernsänger aus Berlin. Er kam in Begleitung eines Klaviers und eines hageren Unteroffiziers, der ihn darauf begleiten sollte und dafür zur besonderen Verwendung abgestellt war. Leutnant Steeg, der Batterieoffizier sollte den neuen Chef mit den Soldaten bekanntmachen. Bischoff war nicht nur ein ausgesprochen netter, sondern auch ein schöner Mann. Er hörte sich die Nöte und das Leid von jedem einzelnen Soldaten an und betonte, dass wir alle in einem Boot säßen und die Sache hinter uns bringen mussten. Trotz unausgesprochener eigener Zweifel versuchte er, uns den Glauben an den Endsieg zu vermitteln. Die nächste Neuigkeit war unser neuer Zugführer, Oberwachtmeister Hubert Kudelko, Spanienkämpfer, Träger des Deutschen Kreuzes in Gold und des Eisernen Kreuzes erster und zweiter Klasse. Er stammte aus Plauen im Vogtland und strebte noch die Offizierslaufbahn an. Zwar war er ein Angsthase und Spitzklicker erster Güte, doch auch ein hervorragender Kumpel.

In der neuen Stellung Kertsch ging es an und für sich ruhig zu. Das Weihnachtsfest ging zwar traurig, doch recht harmonisch vorüber. Einige hatten Weihnachtspost erhalten, vorwiegend Päckchen mit den begehrten Süßigkeiten aus der Heimat. Das Jahr 1943 nahm seinen Anfang mit der tragischen Niederlage von Stalingrad. Anfang Februar wurden uns einige Kameraden zugeteilt, die dem Kessel entkommen konnten. Einer dieser armen Teufel war Unteroffizier Josef Eumel, der unser neuer Geschützführer wurde. Mit diesem Mann hatte uns das Schicksal einen fantastischen Kameraden beschert! Klein von Statur, sah er aus wie ein verzauberter Prinz. Er war einige Jahre älter als wir und verfügte über große Erfahrung und Menschenkenntnis. Eumel war ein sehr guter und ausgeglichener Mensch, der es verstand, uns das eintönige Frontsoldatenleben so angenehm wie möglich zu machen. Er begleitete uns später auf der Flucht über Sarabus, Simferopol und Sewastopol, wo wir uns aus den Augen verloren. Heinz Gries hat nach dem Krieg Nachforschungen angestellt – leider erfolglos. Unser Batteriechef gab sich jetzt öfters die Ehre, um alle Neuankömmlinge zu begrüßen und in die Einheit zu integrieren. Wir waren schon ein echt guter Verein!

Der Frühling kam, wir verbesserten weiter unsere Unterkünfte und machten in unserer spärlichen Freizeit kleinere Ausflüge in die Umgebung und die Stadt Kertsch. Das Wetter war meistens schön, es wurde auch wärmer, nur die Nächte waren noch sehr kalt. Die Zeit verging mit Wache schieben. Plötzlich wurde unsere Ruhe nachhaltig gestört. An einem schönen Morgen im Mai erschien Leutnant Otto Becker. Er kam direkt aus Deutschland von der Kriegsschule und wurde unserem Zug als sogenannter Ausbilder zugeteilt. Bereits am ersten Tag seines Auftauchens wollte Becker mit dem gesamten Zug von 10 bis 12 Uhr Infanteriedienst machen. Oberwachtmeister Kudelko und wir waren sauer wie die Gurken! Unser Zugführer versuchte dem Anfänger klar zu machen, dass die Leute Tag und Nacht Wache stehen müssten und dass die Betroffenen tagsüber Ruhe brauchten. Doch der Herr Leutnant ließ sich auf nichts ein – Befehl sei schließlich Befehl. Willi Küppers und ich verweigerten den Exerzierdienst mit der Begründung, dazu körperlich nicht in der Lage zu sein. Darauf meldete uns Becker beim Batteriechef, wo wir feldmarschmäßig zum Rapport erscheinen mussten. Oberleutnant Bischoff kannte uns beide sehr genau. Er erklärte uns, dass Befehlsverweigerung in Feindesland, noch dazu gegenüber einem Offizier, bestraft werden müsse, und erteilte uns einen strengen Verweis. Bischoff hatte viel Verständnis für uns und wir merkten, dass er selbst sehr unglücklich darüber war, uns bestrafen zu müssen. Leutnant Steeg saß dabei und schüttelte nur mit dem Kopf.

Nach dem Verweis schikanierte uns Becker, wo er nur konnte. Inzwischen stand die Sonne hoch am Himmel und bei Ausschachtungsarbeiten war es so heiß geworden, dass man nur in kurzen Sporthosen mit nacktem Oberkörper arbeiten konnte. Aufsicht hatte Hubert Kudelko. Becker drückte sich irgendwo herum, hatte mit den Arbeiten zur Stellungsverbesserung jedoch nichts zu tun. Bei dieser schweren Arbeit passierte es bisweilen, dass das beste Stück des Mannes aus der Sporthose von Willi Küppers herausschaute. Als Becker das sah, forderte er Willi ostentativ auf, das Ding wegzustecken. Darauf Willi: „Ich maloche hier wie ein Pferd, also kann ich auch aussehen, wie ein Pferd!“ Alles lachte, Becker trollte sich. Einige Tage später war Becker plötzlich verschwunden. Irgendwie hatte unser Batteriechef es fertiggebracht, diesen Heini versetzen zu lassen, ehe er noch mehr Unheil anrichten konnte. Im Laufe des Jahres 43 hörten wir, dass Becker bei den Rückzugsgefechten in der Nähe von Charkow gefallen sei. Gott habe ihn selig!

Auch im Hochsommer war es auf der Krim ruhig, doch dieser Zustand sollte sich bald ändern. Man hörte, die Alliierten würden zusammen mit den Russen eine schnelle Beendigung des Krieges anstreben. Tatsächlich bereiteten sich die Russen mit massiver amerikanischer Unterstützung auf eine Großoffensive zur Rückeroberung der von den Deutschen besetzten Gebiete vor. Goebbels verkündete den Totalen Krieg und „Räder rollen weiter für den Sieg“. Irgendwie merkte ich, dass wir alle hingehalten und von unserer obersten Führung betrogen wurden. Auf dem Mitridat, einem kleinen felsigen Berg, dem Wahrzeichen von Kertsch, entstand innerhalb weniger Wochen ein riesiges Flugabwehrzentrum, das aus mehreren 10,5-cm und 12,8-cm-Flakbatterien bestand, die aus dem Reich zur Verstärkung eingetroffen waren. Um diese Batterien möglichst schnell gefechtsfähig zu machen, wurde ich, neben einigen meiner Kameraden, ohne Vorwarnung zu einem Funker-Schnellkursus abkommandiert. Dazu wurde ich von meinem Verein für – gottlob – nur 14 Tage freigestellt und auf den Mitridat gebracht. Obwohl – interessant war die Funkerei schon und ich habe einiges dazugelernt. Die Flakbatterien, nagelneu aus dem Reich hergeschafft, gaben nicht einen einzigen Schuss ab. So schnell sie gekommen waren sind sie auch wieder verschwunden und ich konnte zu meiner Einheit zurückkehren.

Dies alles berührte unsere Herren Offiziere kaum. Sie feierten Feste auf Teufel komm raus und scherten sich kein bisschen um den Krieg. Dabei mischte Oberleutnant Bischoff kräftig mit. Als ausgebildeter Opernsänger der Stimmlage Bariton hatte er es verstanden, den ganzen Krieg hindurch ein braunes Klavier mitzuführen, zusammen mit seinem Pianisten, den er einfach zum Unteroffizier befördert hatte. Seine Konzerte sollen gut besucht gewesen sein. Ich habe ihn leider nie singen gehört.

Generalmajor Pickmann, Kommandeur der 9. Flakdivision, und etliche seiner Stabsoffiziere waren dem Stalingrad-Inferno mithilfe einer Ju-52 entkommen. Sie hatten, um ihre eigene Haut zu retten, die Kameraden im Stich gelassen. Pickmann war ein aufgeblasener und bornierter Zeitgenosse. Einerseits als Held von Stalingrad gefeiert und hoch dekoriert, andererseits von den Soldaten gehasst, wurde er vom Oberkommando der Wehrmacht mit der Neuaufstellung der ruhmreichen 9. Flakdivision auf der Krim beauftragt. So wurde unsere 1. Flakdivision einfach in 9. umbenannt – so einfach war das. Pickmann beförderte unseren Herbert Knecht zum Oberstleutnant und später zum Oberst. Nachdem alle erstmal ausgiebig Urlaub gemacht hatten, nistete sich die neue Offiziersgesellschaft aus Stalingrad in unserer Nähe ein. Außerdem forderten die neuen Divisionsherren, weil sich Pickmann unter ihnen befand, verstärkten Schutz an. Der Batteriegefechtsstand wurde zum Divisionsgefechtsstand erweitert und ich und einige Kameraden meines Zuges wurden zum Wachekloppen dorthin befohlen. Der Zorn, den ich auf die Clique hatte, beruhigte sich etwas, da die Verpflegung besser war.

Immer wenn meine Wachzeit vorüber war, musste ich Herrn Oberstleutnant Knecht Meldung erstatten. Wir kamen ins Gespräch und er beschwichtigte mich, dieses Kommando wäre kein Dauerzustand und wir könnten bald wieder in unsere Stellungen zurückkehren. Er hielt Wort. Zwei Wochen später kamen wir zu unseren Einheiten zurück. Ich habe ihn übrigens im Frühjahr 1950 in Frankfurt wiedergesehen.

Unser neuer Divisionskommandeur, Generalmajor Pickmann, führte ganz neue Schikanen ein. Die 2-cm-Kanonen wurden von den Krupp-Boxer-Fahrzeugen aus den Stellungen geholt und Dutzende Kilometer weiter ans Asowsche Meer transportiert. Der Herr General nannte das Seemanöver. Dort mussten wir die Geschütze zerlegen und, nur mit Hose bekleidet, in Hochhalte durch das keineswegs warme Salzwasser zu einer Sandbank tragen. Nach kurzer Verschnaufpause ging es – marsch, marsch! – den gleichen Weg wieder zurück an den Strand, wo wir die Kanonen wieder zusammenbauen durften. Pickmann befahl einen schnellen Aufbruch, sodass wir nicht einmal die Möglichkeit bekamen, unsere nassen Drillich-Hosen zu trocknen. Hubert Kudelko war über die Aktion so zornig, dass er den General bei passender Gelegenheit erschießen wollte. Der Herr General leitete die Aktion persönlich, beschimpfte uns dabei, warf uns Faulheit vor und mangelndes Interesse, den Endsieg zu erreichen und bezichtigte uns der Verletzung vaterländischer Pflichten. Hätten wir nicht den Mund gehalten, hätten wir uns wieder die Predigten des Stalingrad-Kämpfers anhören müssen, die Erzählungen über die unendlichen Leiden der 6. Armee, und was wir hier für ein schönes Leben gehabt hätten. Wenn Pickmann den Mund aufmachte, brüstete er sich nur mit seinen Heldentaten in Stalingrad, für die er das Ritterkreuz erhalten hatte. Davon, dass er seine Flak-Soldaten schnöde im Stich gelassen hatte, sagte er nichts. Auch uns sollte er im Stich lassen und mit einem Schnellboot der Reichsmarine zusammen mit Knecht und anderen Offizieren nach Konstanza flüchten.

Der Tatendrang des Generals ließ merklich nach, als sich die Störungen durch den Feind mehrten. Häufiger als sonst sah man hochfliegende sowjetische Aufklärungsflugzeuge, die wir mit unseren 2-cm-Kanonen nicht erreichen konnten. In der Morgen- und Abenddämmerung zeigten sich immer wieder öfter die „Nähmaschinen“ genannten Doppeldecker. Die Piloten schalteten zum Angriff den Motor aus, warfen ihre Bomben ab und beharkten uns aus den Bordkanonen mit Dum-Dum-Geschossen oder Explosiv Munition mit Leuchtspur. Ein Angriff dauerte höchstens zehn Minuten, dann verschwanden sie wieder. Für uns bedeutete das immer höchste Alarmstufe.

Die Krimzeitung verbreitete das Gerücht, die Russen wollten über den Kaukasus und die Halbinsel Taman die Krim zurückerobern. Davon merkten wir zunächst nicht viel. Wir freuten uns auf den Sommer. Am nahen Strand bauten wir uns aus Holz einen 3-Meter-Sprungturm. Schwimmflächen wurden eingeteilt und abgegrenzt, um einen Streit mit den Kollegen des benachbarten Feldflugplatzes zu vermeiden, der mit Focke-Wulff-Aufklärern FW 189 mit Doppelrumpf belegt war. Die hatten ebenfalls Ansprüche angemeldet, wollten mit ihren Mätressen, durchweg tschechische Damen, einen eigenen Strand zum Nacktbaden haben. Gefundenes Fressen für Hubert Kudelko, der scharf war wie ein Rettich! Irgendwie hatte er mitgekriegt, dass sich unter den Damen auch ein paar Schönheiten befanden, die durchaus seiner

Kragenweite entsprachen. Mit dem Fernglas beobachtete er aus sicherer Position den Badebetrieb. Dann begab er sich ins Wasser, er war ein guter Schwimmer, tauchte an die nackt schwimmenden Damen heran und betatschte sie. Die Frauen schrien lauthals auf, sie dachten, ein Raubfisch würde sein Unwesen treiben. Als Hubert zum Luftholen auftauchen musste, wurde er von einem der Luftwaffen-Offiziere erkannt. Die Aufregung war riesig! Die Besatzung des Feldflugplatzes stellte den Badebetrieb sofort ein und machte sich auf die Suche nach dem Missetäter. Feldjäger wurden alarmiert. In der Zwischenzeit hatte Hubert das Wasser verlassen und sich in seinen Bunker begeben. Ich und andere unseres Haufens hatten alles beobachtet. Wir ahnten bereits den Ärger, der auf uns zukommen würde. Kudelko musste unbedingt geschützt werden! Ich ging in seinen Bunker. Er hatte die Badehose bereits versteckt und stand jetzt nackt und ziemlich ratlos herum. Ich beschwor ihn, sofort eine Uniform anzuziehen. Heinz Gries, Josef Eumel, Karl Gies und Willi Küppers kamen hinzu. Sie meldeten, dass die Häscher bereits unterwegs wären. Minuten später standen die Herren Offiziere mit den belästigten Frauen und der Feldpolizei auf der Matte und wollten den Zugführer sprechen. Die Feldjäger betraten den Bunker, machten dem Zugführer Meldung von dem unglaublichen Vorfall und forderten Hubert Kudelko auf, mit den Offizieren zu verhandeln, um den Täter ausfindig zu machen. Besagter Offizier hatte Hubert zwar sofort erkannt, als dieser aus dem Bunker trat, war sich dann jedoch seiner Sache nicht mehr so sicher. Wir alle bezeugten natürlich, dass sich unser Zugführer in den letzten Stunden nur im Bunker aufgehalten hatte. Einer musste es ja gewesen sein, aber auch die Feldjäger waren ratlos und gaben schließlich die Suche auf. Man vermutete noch, dass es eventuell ein Hiwi gewesen sein könnte, deren Einheit war auch in der Nähe stationiert. Die Sache verlief, wie wir es uns gewünscht hatten, im Sand. Die Herrschaften verließen mürrisch unsere Stellung. Hubert und ich atmeten tief durch, er bedankte sich und gelobte Besserung. Am nächsten Tag bereits gingen die Herren mit ihren Mädchen wieder zum Schwimmen. Hubert schaute voller Sehnsucht mit dem Fernglas zu. Ich meine, dass wir Hubert Kudelko, dem hochdekorierten Berufssoldaten, damals das Leben gerettet haben.

Heimaturlaub

Wir hatten noch einen ruhigen und sonnenreichen Sommer. Die Russen ließen sich Zeit aber wir spürten, dass unsere Zeit auf der Krim langsam ablief. Ein Wunder war es schon, dass man noch unter den Lebenden sein durfte. So verfloss die Jugend für mich und andere junge Soldaten. Ich dachte jetzt immer häufiger an Heimaturlaub, schließlich lag mein letzter bereits 19 Monate zurück. Mein Kamerad Heinz Gries war erst wenige Tage zuvor aus Köln zurückgekehrt und erzählte begeistert von Deutschland. Ich stellte mir vor, wie es wäre, die Angehörigen wieder zu sehen, ihnen die Hand zu drücken und mit ihnen zu reden und wurde immer trauriger. Dann plötzlich erfuhr ich, dass ich zusammen mit drei Kameraden am 8. August für vier Wochen nach Hause fahren durfte. Ich war mit den Nerven fertig, freute mich riesig und begann sofort mit den Vorbereitungen. Ein Kamerad, der erst kürzlich zu unserem Zug abkommandiert worden war, bat mich, seiner polnischen Braut einen Brief und einige Filme zum Entwickeln nach Lemberg zu bringen. Eigentlich passte mir das gar nicht, ich ließ mich dann jedoch breitschlagen. Peter war ja auch ein ganz netter Junge. Versehen mit Marschbefehl und Verpflegung bestiegen wir in Kertsch den Zug in Richtung Heimat. Die Fahrt dauerte drei Tage und war ausgesprochen langweilig.

Sie wurde nur unterbrochen von einem sechsstündigen Aufenthalt in Lemberg, den ich nutzte, um die polnische Familie zu besuchen. Es waren schon einige Kilometer vom Bahnhof bis dorthin und es dauerte eine Weile, bis ich mich durchgefragt hatte. Außerdem war es gar nicht so ungefährlich, mutterseelenallein in einer polnischen Stadt herumzulaufen, zumal die Polen nicht sehr gut auf uns zu sprechen waren. Endlich fand ich das Anwesen. Das weiße Herrenhaus mit Auffahrt war wunderschön gelegen und umgeben von alten Eichen- und Buchenbeständen. Mit meinem Köfferchen und dem Päckchen in Händen klingelte ich und wurde von einer etwa zwanzigjährigen, hübschen, brünetten Frau empfangen, die sehr gut deutsch sprach. Man bat mich ins Foyer und ich durfte ablegen. Dann führte mich die junge Frau in einen großen, luxuriös eingerichteten Wohnraum. Dort wurde ich den Eltern und drei Schwestern vorgestellt, eine hübscher als die andere. Alle sprachen vorzüglich deutsch und es stellte sich heraus, dass ich es hier mit einer akademisch gebildeten Familie aus der polnischen Adelsschicht zu tun hatte. Ich lieferte den Brief und die Filme ab und man versprach mir, die Bilder schnellstmöglich auf die Krim zu schicken. Von allen wurde ich bestürmt, wie es dem Verlobten der Schwester gehe und ob der Krieg wohl ein gutes Ende nehmen werde. Peter passte wirklich sehr gut zu dieser Familie. Er war ein schöner Mann mit Menjou-Bärtchen, ungefähr 30 Jahre alt. Er hatte die Manieren eines Edelmannes. Ich wurde zum Essen eingeladen, es ging hochherrschaftlich zu und ich fühlte mich wie der Hahn im Korb. Als Aperitif wurden Portwein und Cognac gereicht. Es gab vorzüglichen Schweinebraten, Kartoffeln und verschiedene Gemüse und als Dessert, man höre und staune: deutschen Moselwein. Ich packte mein bestes Hochdeutsch aus und machte nach der Mahlzeit mit der ganzen Familie noch rege Konversation. Beim Abschied wurde ich noch mit den besten Süßigkeiten versorgt, Pralinen und Schweizer Schokolade, worüber ich mich riesig freute. Dann machte ich mich schnellstens auf den Weg – ich wollte den Zug in die Heimat auf keinen Fall verpassen!

Am 11. August 1943 vormittags kam ich in Frankfurt an. Ich konnte es kaum fassen, nach so langer Zeit wieder zu Hause zu sein. Auf dem Vorplatz des Frankfurter Hauptbahnhofs atmete ich erst einmal tief die heimatliche Luft ein. Dann nahm ich mein Gepäck, stieg in die Straßenbahnlinie 12 – Soldaten hatten freie Fahrt – und fuhr die Mainzer Landstraße hinunter ins Gallusviertel bis zur Haltestelle Mönchhof/Bischofsheimerstraße. Obwohl ich kurz vorher geschrieben hatte, kam ich für meine Mutter völlig überraschend – der Feldpostbrief war noch nicht eingetroffen.

Meine Mutter Ottilie hielt mich weinend minutenlang fest, sie wollte mich gar nicht mehr loslassen. Da ich abgekämpft und nach dreitägiger Zugfahrt geruchsmäßig nicht mehr der Frischeste war, brauchte ich als Erstes ein Wannenbad. Mutter machte im Kupferkessel in der Waschküche heißes Wasser und ich konnte in der Zinkwanne das ersehnte Bad genießen. Am Abend kamen Vater und Bruder Willi heim und begrüßten den Urlauber. War das eine Freude! Willi erzählte mir gleich, dass mein Schulfreund Kurt Gaussmann ebenfalls auf Urlaub in Frankfurt wäre. Doch jetzt wurde das Wiedersehen erst einmal mit der Familie gefeiert. Bei Gaussmanns veranstalteten wir ein paar Tage drauf eine gewaltige Fete, mit allem was das Herz begehrte. Essen und Trinken in Hülle und Fülle, schöne Frauen zum Anfassen und tolle Musik von der Combo Willi Kull, Werner Ruch und Hans Schäfer.

Kaum war ich zu Hause, stellte Mutter ein Programm für mich zusammen, wen ich besuchen sollte und wer zu uns zu Besuch käme. Unsere Verwandtschaft und der Freundeskreis der Familie waren sehr groß und jeder wollte den Karl mal sehen und sprechen. Der erste Besuch galt natürlich meiner damaligen Freundin Irma Hopp, die in der Bergerstraße in Bornheim wohnte. Die Wiedersehensfreude war auch da riesengroß. Ihre Eltern hatten eine Metzgerei. Außerdem hatten sie einen guten Draht zu meinen Eltern, der auch während des ganzen Krieges nicht abriss. Man musste ja annehmen, dass nach dem Krieg geheiratet wurde. Obwohl es streng verboten war, konnte Heinrich Hopp zwischendurch immer mal ein Schwein oder Rind schwarzschlachten. Davon bekamen die Freunde der Familie, darunter meine Eltern, immer etwas ab. Ins Feld konnte Irma die Fleisch- und Wurstwaren nicht schicken, die Hundert-Gramm-Päckchen wären unterwegs verdorben. Dafür schickte sie mir regelmäßig andere Köstlichkeiten, über die ich mich immer sehr freute.

Irmas Mutter brachte immer wieder das Thema Heiraten auf den Tisch. Die Beziehung zwischen Irma und mir war rein platonisch. Ich hatte sie als Sechzehnjährige bei meiner Klavierlehrerin kennengelernt. Irma war hübsch und konnte gut Klavier spielen. Das regelmäßige Zusammentreffen in der Klavierstunde führte beiderseits zu einer gewissen Sympathie. Ich selbst war zu der Zeit 18 Jahre alt, kaufmännischer Lehrling in einem Frankfurter Industriebetrieb, spielte ganz anständig Klavier und hatte wenig Geld. Damals wäre es mir aus finanzieller Sicht nicht möglich gewesen, ein Mädchen auszuführen. Außerdem war der unselige Krieg schon im Gange – wo hätten wir hingehen sollen? Gegenseitige Besuche bei den Eltern waren schön, aber eher die Ausnahme als die Regel. Ich fragte mich damals schon, was das mit Irma werden sollte. Mit 18 Jahren hatte ich eigentlich gar keine Lust, eine feste Beziehung einzugehen. Dies sagte ich auch Irma, die es gelassen hinnahm.

Selbstverständlich haben wir gemeinsam mehrmals unsere Klavierlehrerin besucht. Dann klapperte ich nacheinander, wie es meine Mutter geplant hatte, unsere Verwandtschaft in Frankfurt und Umgebung ab. Besonders ans Herz legte mir Mutter ihre Schwester, Tante Minna mit Cousine Wilma in Eschersheim. Ich war als kleiner Junge einmal dort zu Besuch gewesen und kannte die beiden überhaupt nicht mehr. Tante Minna war die ältere Schwester meiner Mutter. Sie hatte Ende des ersten Weltkrieges einen gewissen Heinrich Samstag geheiratet, der einen guten Posten bei der Metallgesellschaft in Frankfurt innehatte und es bereits Anfang der Dreißiger Jahre zum Prokuristen gebracht hatte. Damals hatten meine Eltern zu Samstags keine Verbindung mehr. Nach Beginn der Nazi-Zeit, es dürfte 1934/35 gewesen sein, stand im Generalanzeiger der Stadt Frankfurt, dass der schon lange der NSDAP angehörende SA-Führer Heinrich Samstag zum SA-Standartenführer des Raumes Groß-Frankfurt ernannt worden war. Die Meinigen waren sozialdemokratisch orientiert, sodass es wenig Sinn machte, mit solchen Verwandten weiter Kontakt zu pflegen. Auf der anderen Seite zogen sich auch Samstags von uns zurück – mit solch niedrigem Volk kann man ja nicht verkehren! Familie Samstag gehörte zum unmittelbaren Umfeld von Hessens Gauleiter Sprenger und somit zur Creme der Frankfurter gehobenen Gesellschaft.

Der ebenfalls andersdenkende mittlere Bruder meines Vaters, Onkel Georg, Taufpate meines Bruders Willi, hatte besonders unter den Nazis zu leiden. Er, ein ganz lieber und biederer Werkmeister in der Bezirkswerkstatt für Postkraftwagen, hätte wegen seines guten Postens in die Partei eintreten sollen. Das wollte er aber nicht. So verlor er seinen Arbeitsplatz und man sperrte ihn ins Untersuchungsgefängnis Hammelsgasse. Entweder die Brüder meiner Mutter oder die meines Vaters, vielleicht auch beide, müssen sich für Onkel Georg eingesetzt haben. Jedenfalls lag die Akte eines schönen Tages auf dem Schreibtisch des SA-Standartenführers Heinrich Samstag. Der entschied prompt, dass mein Onkel sofort aus der Haft zu entlassen und bei der Reichspost wiedereinzustellen sei – allerdings nur gegen einen Eintritt Onkel Georgs in die SA. Bei der Entnazifizierung nach dem Krieg hatte er gute Fürsprecher, sodass er bis zu seiner Pensionierung bei der Post bleiben konnte.

Etwa in der Mitte meines Heimaturlaubs zog ich, auf Wunsch meiner Mutter, frühmorgens die Flak-Uniform an und machte mich auf den Weg zu Tante Minna und Cousine Wilma. Onkel Heinrich kämpfte zu der Zeit an der Ostfront. Ich fuhr mit der Straßenbahn nach Eschersheim, war gut gelaunt und freute mich richtig auf den Besuch. Die Tante wohnte in der Nähe des Lindenbaums, am Weißen Stein, in einer Siedlung von zweistöckigen Reihenhäusern. Es war nicht schwer zu finden. Als ich vor der Haustüre stand und klingelte, war es um die Mittagszeit. Meine Tante öffnete. Ich dachte noch: „Gott, ist die alt geworden" und begrüßte sie mit einem gut hörbaren „Guten Tag, Tante Minna, kennst du mich noch?" Sie schleuderte mir ein „Das heißt

Heil Hitler, mein lieber Neffe" entgegen und ich bereute sofort, meine Uniform angezogen zu haben, zumal ich mir geschworen hatte, dieses Kleidungsstück während des Urlaubs keines Blickes zu würdigen. Nachdem mir Cousine Wilma vorgestellt worden war – wir beide waren etwa gleich alt – erholte ich mich etwas von meinem Schock. Wilma war bildschön, benahm sich jedoch reichlich dünkelhaft. Tante Minna erzählte, sie wäre eine hohe BDM-Führerin und damit eine federführende Funktionärin der deutschen Frauenschaft. Mich interessierte das alles überhaupt nicht und ich bereute schon, überhaupt dorthin gefahren zu sein. Das Haus hätte einen Außenanstrich gut vertragen können, doch im Krieg dachte man nicht an Schönheitsreparaturen. Solche Arbeiten verrichtet man im Frieden, und der stand ja unmittelbar bevor, nach dem Endsieg. Das Innere des Hauses war standesgemäß, auf dem neuesten Stand eingerichtet. Davon konnten wir in unserem städtischen Einfamilienhäuschen nur träumen. Ich wurde zu Tisch gebeten und freute mich schon auf ein mehrgängiges Menü. Ich wurde enttäuscht, es gab stattdessen gewöhnlichen Nazi-Eintopf, allerdings von meiner Cousine sehr schmackhaft zubereitet. Als Nachtisch standen verschiedene deutsche Apfelsorten und Wasserpudding mit Waldmeistergeschmack zur Auswahl.

Die Gespräche drehten sich hauptsächlich um den Krieg, der selbstverständlich gewonnen wird. Und der Nationalsozialismus sei natürlich die beste Staatsform und muss unbedingt weltweit verbreitet werden. Meine Einwände stießen auf totale Ablehnung. Die beiden Damen steigerten sich in eine Sieges-Hysterie hinein, dabei hatten sie keine Ahnung, welche Entwicklungen sich bereits an der Ostfront abzeichneten. Dann wurden noch die Heldentaten von Ehemann und Vater Heinrich Samstag gepriesen, aus seinen Frontbriefen entnommen. Ich konnte es nicht mehr hören! Beide bedauerten, dass Papa so selten nach Hause käme, und irgendwie schienen sie mich als einen perfekten, siegesgewissen deutschen Soldaten zu bewundern. Leider mit dem

Unterschied einer völlig falschen Weltanschauung. Befragt nach meiner wirklichen Meinung über den Kriegsausgang antwortete ich mit dürren Worten, dass der Krieg so gut wie verloren sei, die Überlegenheit des Gegners wäre erdrückend. Meine Tante drohte höchst erregt damit, mich auf der Stelle verhaften zu lassen und nur der Umstand, dass ich ihr blutsverwandter Neffe wäre, bewahre mich davor. Ich verabschiedete mich schnell und sehr frostig auf Nimmerwiedersehen von dieser Verwandtschaft. Die Uniform habe ich bis zu meiner Rückreise an die Front nicht mehr angezogen.

Vom Arbeitsdienst her hatte ich eine Briefbekanntschaft in Erbach im Odenwald. Sie hieß Annemarie Heim und war die Tochter des dortigen Ortsgruppenleiters. Ich hatte sie noch nie gesehen, ihr aber versprochen, einmal bei ihr vorbeizuschauen, wenn ich Urlaub hätte. In ihren Briefen war sie immer sehr impulsiv und ich vermute, dass sie sich irgendwie Hoffnungen machte. Um vorzubeugen, fragte ich Cousine Edith, ob sie Zeit hätte, mich nach Erbach zu begleiten. Edith, die Tochter von Onkel Anton, dem jüngsten Bruder meines Vaters, war damals 18 Jahre alt und sehr hübsch. Ich schilderte ihr den Sachverhalt und sie sagte spontan zu. Ich rief in Erbach an und machte mich mit Edith zusammen auf den Weg. Wir wurden sehr freundlich empfangen, allerdings glaubte man mir anfangs nicht, dass meine Begleiterin wirklich meine Cousine war. Annemarie war ein sehr nettes Mädchen, in meinem Alter, und ihre Eltern und Geschwister gaben sich die größte Mühe, uns den Aufenthalt so angenehm wie möglich zu gestalten und uns mit guten Speisen zu verwöhnen. Familie Heim führte ein großes Haus, wie es der Stellung eines Ortsgruppenleiters zustand. Nach dem Essen ging es in den Salon. Es wurde Konfekt vom Feinsten gereicht, sowie Zigarren und Spirituosen. Der Hausherr hatte auch einige Parteifreunde eingeladen und alle wollten natürlich wissen, wie es an der Front ausschaute. Mit vorsichtig gewählten Worten versuchte ich die Misere auf der Krim zu schildern, was von den Anwesenden schweigend aufgenommen wurde. Als Hoffnungsschimmer wies ich auf den verstärkten Ausbau von Feldflughäfen und die Stationierung von starken Bomber- und Jagdfliegergeschwadern hin. Außerdem stünden für kommende Operationen sehr starke Flakverbände aller Kaliber zur Verfügung. Diese Mitteilung registrierten die Herrschaften mit Genugtuung. Cousine Edith unterstützte mich lebhaft bei meinen Ausführungen. Mit dem letzten Zug fuhren wir nach Frankfurt zurück.

Schon seit meiner Jugendzeit hatten wir einen sehr guten nachbarschaftlichen Kontakt zur Familie Karl Kersting. Familie Kersting hatte zwei Töchter. Inge, die ältere, war bereits verheiratet. Die jüngere, Helga, mit der man sich wirklich sehen lassen konnte, lud ich ins Kino ein und anschließend in eine Gaststätte – mehr konnte ich Helga nicht bieten. Meine Einladung wurde von ihr und ihren Eltern aber als Zeichen nachbarschaftlicher Sympathie gewertet und sie haben sich sehr drüber gefreut.

Damit hatte ich mein Besuchsprogramm erfüllt und musste ich mich erst mal eine Zeitlang von den Strapazen erholen. Eineinhalb Tage lang schlief ich wie ein Murmeltier. Bis auf die beschriebenen Ausnahmen waren alle Verwandten und Bekannten nett und freundlich und versicherten mir, sie hofften, ich würde gesund und ohne Schaden wieder aus diesem unseligen Krieg heimkehren. Dann waren es nur noch drei Tage bis zu meiner Rückreise an die Front. Der Urlaub war wie im Flug vergangen und ich hatte nicht die geringste Lust, Frankfurt zu verlassen. Mein Vater meinte, ich solle hier bleiben, der Krieg wäre so und so verloren. Ich sollte mich erst mal für vier bis fünf Wochen krankschreiben lassen. Er würde mich bei seinem Leib-und-Seelen-Arzt Dr. Guckes, den ich überhaupt nicht leiden konnte, zur Untersuchung anmelden. Da ich mich nicht in Gefahr bringen wollte, lehnte ich den Wunsch meines Vaters ab und kehrte zu meiner Einheit auf der Krim zurück. Am 9. September vormittags fuhr ich zusammen mit meiner Mutter mit der Straßenbahn zum

Frankfurter Hauptbahnhof. Mein Vater und Willi mussten arbeiten, sie konnten nicht mitkommen. Irma wollte erst nicht, kam dann aber doch, um Abschied zu nehmen. Mutter weinte sehr, doch als ich ihr versprach, lebend und gesund wieder nach Hause zu kommen, beruhigte sie sich.

Zurück in Kertsch

Als ich drei Tage später nach Kertsch zurückkam, waren alle in hellster Aufregung. Unsere Luftaufklärung hatte festgestellt, dass die Russen im Kaukasus starke Streitkräfte zusammengezogen hatten, um uns aus Kertsch zu vertreiben und die Krim zurückzuerobern. Ich kam überhaupt nicht dazu, meinen Kameraden von zu Hause zu erzählen, denn in allen Köpfen war nur noch der Gedanke an den Rückzug. Wir bereiteten einen dramatischen Stellungswechsel vor, es wurde Urlaubssperre verhängt und es machte sich allgemeine Hysterie breit. Ich sah der Sache gelassen entgegen und ließ mich treiben, ändern konnte ich ohnehin nichts. Mein Inneres sagte mir, dass jetzt die Vergeltung für die abseits des eigentlichen Kriegsgeschehens von der SS begangenen Verbrechen beginnen würde.

Zur Verstärkung des Brückenkopfes Kertsch wurden ungarische Truppen herangezogen, was jedoch wenig half. Die Rote Armee war sich ihrer Sache sicher. Die amerikanische Hilfe griff zum richtigen Zeitpunkt und brachte uns Deutsche in tödliche Bedrängnis. Wie man später erfahren konnte, waren über Murmansk unglaubliche Mengen amerikanischen Kriegsmaterials, Lebensmittel, Medikamente und anderes nach Russland gelangt. Die Lieferungen erfolgten auf Grund des 1941 erlassenen US Pacht- und Leihgesetzes. Dem hatte Deutschland nichts mehr entgegenzusetzen. Ab Mitte Oktober 1943 begannen die Russen mit heftigen Luftangriffen am helllichten Tag. Sie kamen mehrmals täglich mit zweimotorigen Bombern vom Typ JL-2, einem Lizenznachbau der amerikanischen Douglas DC-3. Die Maschinen griffen gezielt den Verladebahnhof und die Hafeneinrichtungen von Kertsch an. Sie flogen jedoch so hoch, dass wir sie mit unserer 2-cm-Flak nicht erreichen konnten. Schwerere Waffen waren auf Befehl des Divisionskommandeurs abgezogen worden, sodass eine wirksame Bekämpfung nicht mehr möglich war. Sie waren bereits zur Landenge von

Perekop gebracht worden, wo man sie jedoch noch gar nicht benötigte.

Das Oberkommando der Wehrmacht sprach schon offen von Frontverkürzung, die Stäbe bereiteten sich auf Verlegungen vor und wir erhielten Befehl, unsere Flakstellungen zu räumen. Geschütze, Gerät und unsere Habseligkeiten wurden zum nahegelegenen Verladebahnhof gebracht. Wir selbst bezogen Notquartiere in verschiedenen Wohnhäusern, die an einem großen Platz lagen, von dem aus wir gute Sicht nach allen Seiten hatten. Die einheimische Bevölkerung schenkte uns zum Abschied ein Rind. Die armen Menschen hatten große Angst vor der Rückkehr ihrer eigenen Leute, sie rechneten mit Repressalien. Wir schlachteten das Tier und konnten uns tagelang bestens davon ernähren. Unsere eigene Verpflegung konnten wir als eiserne Ration einsparen.

Inzwischen war auf der Halbinsel Taman sowjetische Artillerie mit amerikanischen Schnellfeuergeschützen Kaliber 17,2 cm in Stellung gegangen. Wir erhielten jetzt tagsüber pausenlos massives Sperrfeuer. Aus der Deckung heraus beobachteten wir Dutzende von Einschlägen, die dem Verladebahnhof galten, jedoch häufig auch den großen Platz trafen, wo bald ein Chaos ausbrach. Pferdefuhrwerke flüchteten kreuz und quer über den riesigen Platz, um nicht von den Granaten getroffen zu werden. Plötzlich tauchte aus dem Pulverdampf ein Einspänner vor uns auf. Das Pferd war völlig panisch, stieg mehrmals hoch und drehte sich um die eigene Achse. Die beiden Männer auf dem Gespann konnten das Tier nur mit Mühe bändigen und in letzter Sekunde den Explosionen entkommen. Erst mit Einsetzen der Dämmerung hörte der Beschuss auf. Wir fragten uns, wann wir hier wohl endlich wegkommen würden. Kertsch war viel zu gefährlich geworden und Flucht war nur bei Nacht möglich. Zwei Tage später kam der Befehl zur Verladung und Abfahrt. Alles ging sehr schnell und geräuschlos. Es war in den ersten Novembertagen des Jahres 1943, als wir Kertsch gut getarnt auf Tiefladern verließen. Die Stadt wurde übrigens noch einige Wochen lang von deutschen, ungarischen und rumänischen Truppen verteidigt, bevor die Rote Armee Anfang 1944 den Brückenkopf Kertsch endgültig zurückeroberte.

Sarabus

Nach nicht allzu langer Fahrt erreichten wir im Morgengrauen den Stützpunkt Djankoi auf der Mittelkrim. Wir hielten uns den ganzen darauffolgenden Tag in den Waggons auf und begannen erst in der Abenddämmerung mit dem Entladen. Die Krupp-Boxer-Transportbatterie stand schon bereit, uns zu unserem neuen Einsatzort, einem Feldflughafen bei der Kleinstadt Sarabus zwischen Djankoi und Simferopol zu bringen. Außer dem Flughafen, wo ein Bombergeschwader mit etwa 38 Maschinen des Typs Heinckel He-111 stationiert war, gab es einige Hundert Meter daneben einen Scheinflughafen, wo während der ganzen Nacht die Befeuerung der simulierten Start- und Landebahn eingeschaltet war, um den Feind zu täuschen. Für uns war das ein gefährlicher Einsatz, den man nicht unterschätzen durfte. Zu unserem Schutz mussten wir uns sehr tief eingraben, und ein stabiles Bunkersystem mit Schützengrabenanlage errichten. Ab sofort hatten wir ständige Alarmbereitschaft, erstens wegen der hochfliegenden russischen Aufklärer und zweitens, weil wir ständig mit Luftangriffen rechnen mussten. Andererseits herrschte auf dem echten Flughafen nebenan tagsüber ein reger Verkehr unserer Bomber, die die sowjetischen Truppenbewegungen in Taman, Kertsch, Feodosia und der Landenge von Perekop bombardierten. Der Ernst des Soldatenlebens hatte uns eingeholt, die schönen Zeiten von Kertsch waren vorbei, und damit hatte auch das Feier- und Schluderleben unserer Offiziere ein Ende gefunden.

Etliche Wochen fielen die Russen auf den Schwindel mit dem Scheinflughafen herein. Sie schickten regelmäßig in der Dämmerung mehrere Nähmaschinen, die Splitter-Sprengbomben in unsere Schützengräben abwarfen. Außerdem schossen die Piloten mit ihren Bordkanonen in der Dunkelheit sofort auf jedes Licht. Manchem Kameraden hat hier die brennende Zigarette das Leben gekostet. Unserem Zugführer Hubert Kudelko, dem Angsthasen in Person, passierte folgendes Missgeschick: Beim

Bombenangriff einer Nähmaschine rannte er in dem Moment in das Grabensystem hinaus, als die Bombe explodierte. Hubert lief regelrecht in die Bombe hinein, warf sich auf den Grabenboden, stieß einen Schrei aus und wurde von beträchtlichen Erdmassen verschüttet. Wir gruben ihn sofort aus und wie durch ein Wunder war er unverletzt.

Dann hatten wir plötzlich Ruhe in unserem Abschnitt, denn die Russen nahmen sich jetzt den echten Feldflughafen vor und dort gab es erhebliche Verluste. Von den Bombern wurden viele am Boden zerstört, andere kamen vom Einsatz nicht mehr zurück. Das Geschwader war im Laufe der Wochen stark dezimiert worden und eines Tages im Dezember 1943 waren die restlichen Maschinen und das gesamte Bodenpersonal über Nacht verlegt worden. Damit wäre unsere Aufgabe eigentlich erfüllt gewesen, doch unsere Führung dachte nicht daran, uns abzuziehen und anderweitig einzusetzen. Im Gegenteil, wir verkrochen uns in unsere Stellungen und ertrugen die nicht enden wollenden Angriffe der Nähmaschinen, die uns schwer zu schaffen machten. Wir gewöhnten uns irgendwie an diesen Zustand und richteten uns in Sarabus für längere Zeit häuslich ein. Weihnachten stand vor der Tür und wir beteten, dass es wenigstens über die Feiertage ruhig bleiben würde. Der liebe Gott muss unsere Gebete erhört haben, denn die Russen respektierten unsere Festtage. Zu essen und zu trinken hatten wir genug, denn die Obrigkeit war dazu übergegangen, das Hauptverpflegungslager in Simferopol zu öffnen. Wir erhielten zusätzliche Wurst- und Fleischkonserven, außerdem köstliche Schokoladeriegel und Büchsenobst. Ballonflaschen voll hochprozentigen Wodkas, Marketenderware, Rauchwaren und Spirituosen aus deutscher Produktion sollten für gute Stimmung sorgen. Oder waren sie als Henkersmahlzeit gedacht?

Wir lebten wie die Fürsten und feierten Feste, die gelegentlich auszuufern drohten. Das Einzige, was fehlte, war die holde

Weiblichkeit. Lediglich Hubert Kudelko, der hervorragend russisch sprach, hatte keine Schwierigkeiten, immer wieder junge Russinnen in seinen Bunker zu locken. Dann ließ er gutes Essen und Trinken auffahren und hatte über Stunden hinweg seinen Spaß. Wenn er der Damen nach reichlichem Alkoholgenuss dann überdrüssig wurde, schickte er sie, versehen mit Lebensmitteln und Geschenken, einfach davon. Das waren seine ganz privaten Orgien und er wusste genau, dass wir ihn nie in die Pfanne hauen würden. Einmal sattelte er nach einer solchen Fete mit seinem besoffenen Kopf ein Pferd und ritt zum nahegelegenen Staats-Gutshof, der von der Wehrmacht beschlagnahmt und streng bewacht wurde. Erst im Morgengrauen kehrte er zurück, ziemlich wackelig auf seinem Pferd sitzend, an dem auf beiden Seiten mehrere tote Hühner herabhingen, denen er den Hals herumgedreht hatte. Außerdem führte er eine Kuh im Schlepptau. Die Posten sahen ihn schon von Weitem heranschwanken, ließen ihn aber passieren. Kaum in der Stellung angekommen und mühsam vom Pferd gestiegen, rief er lauthals nach Karl Gies, der der Kuh in den Kopf schießen musste. Wir zogen die Kuh schnellstens ab, zerlegten sie, vergruben die Abfälle und beseitigten alle Spuren. Das Fleisch wurde gut verpackt in unseren Munitionsbunkern versteckt. Erwartungsgemäß tauchte bald die Feldpolizei auf, um die Kuh, die Hühner und den Dieb ausfindig zu machen. Während sie das Terrain absuchten, schlief Hubert seinen Rausch aus. Gefunden haben sie nichts und so zogen sie wieder ab. Ein paar Tage später, nachdem keine Gefahr mehr bestand, holten wir das Fleisch hervor und fingen genüsslich an zu brutzeln. So profitierten wir alle von den Missetaten unseres Zugführers. Die Stimmung an den Geschützen und in den Bunkern konnte zu dieser Zeit nicht besser sein.

Doch für Aufregung sorgte nicht nur Hubert Kudelko. Auch mein bester Kumpel, Heinz Gries aus Köln, leistete sich einen Ausrutscher, der schlimme Folgen hätte haben können. Eines Tages hatte er dermaßen viel Wodka intus, dass er bösartig wurde.

Plötzlich hatte er ein Schlachtermesser in der Hand und bedrohte damit mehrere Kameraden. Ich kam gerade von der Wache, erkannte die Situation und konnte Heinz das Messer entwinden, ehe er Unheil anrichten konnte. Dann schlug ich ihn windelweich bis Ruhe war. Wochen später erschien er ganz zerknirscht bei mir, entschuldigte er sich und bedankte sich dafür, dass keiner die Feldpolizei gerufen hatte. Das hätte ihm sicherlich Gefängnis eingebracht und wir hätten wohl nie mehr was von ihm gehört. Unser Zugführer, Hubert Kudelko, hat davon nie etwas erfahren.

Unsere treuesten Freunde in dieser schweren Zeit waren die Pferde. Da eine große Anzahl deutscher Pferde vorhanden war, erhielt jede Batterie zwanzig Pferde zugeteilt. Sich darum zu kümmern war die große Aufgabe des Unteroffizier Fink, der sich, zu unserer aller Überraschung, zu einem sehr guten Kameraden gemausert hatte. Er war nicht nur ein hervorragender Reiter und Reitlehrer sondern auch ein ausgezeichneter Organisator, der aufopfernd für die Vierbeiner sorgte. An verschiedenen Stellen der beiden Flughäfen wurden stabile Ställe errichtet. Fink war überall, beschaffte Futter, Stroh und Geschirre. Da wir keine Fahrzeuge in der Batterie hatten, außer Infanterieprotzen für unsere Geschütze, gab es jede Menge Einsatzmöglichkeiten für unsere Pferde. Sie wurden im Kurierdienst zwischen den Einheiten eingesetzt, dienten zum Überbringen von Nachrichten und zum Abholen der Post beim Batteriegefechtsstand. Fink merkte, dass ich sehr großes Interesse an der Reiterei hatte und ich meine Reitkünste unbedingt verbessern wollte. Ich durfte mir ein Pferd aussuchen und wählte mir zum Reiten und zur Pflege den vierjährigen Apfelschimmel-Wallach Hansi. Er war ein schönes und treues Tier. Am liebsten sauste er mit mir im gestreckten Galopp zum Postholen über den Feldflugplatz. Doch auch eingespannt vor Geschützprotzen machte Hansi eine gute Figur. Er war immer gutmütig und gehorsam. Ich fütterte, pflegte und striegelte ihn so gut ich konnte und nahm Anweisungen von Unteroffizier Fink gerne an. Ich hätte nie gedacht, einmal mit Pferden in Berührung zu kommen. Es machte mir auf jeden Fall großen Spaß und war eine willkommene Abwechslung. Heinz Gries versuchte es auch, ihm lag die Reiterei jedoch weniger. Er wurde mehrere Male von seinem Gaul abgeworfen und sogar getreten. Er stellte sich beim Reiten wirklich dumm an und sollte es auch nicht mehr lernen. Mein Hansi hat so etwas mit mir nie gemacht. Er war immer dankbar und wir sind richtige Freunde geworden. Ich fühlte, dass das Tier, so wie ich es behandelte, die Freundschaft zu schätzen wusste.

Eines Tages war meine silberfarbene Stahlgehäuse-Uhr verschwunden. Sie war ein Konfirmationsgeschenk meines Onkels Willi, Mutters ältestem Bruder und seiner Frau, Tante Käthe. Meine gute Uhr war weg – ich denke ich werde verrückt! Ich war sehr stolz darauf, keiner am Geschütz hatte eine schönere Armbanduhr. Klauen gab es bei uns nicht – wo war also meine Uhr geblieben? Es war noch Winter und unser Ofen im Bunker wurde täglich von einem anderen Kameraden gesäubert, mit Holz gefüllt und angezündet. Als ich wieder Stubendienst hatte und den Ofen ausräumte, hing im Rost ein geschmolzenes Metallteil. Ich holte den Rost heraus und erkannte das von der Glut zerstörte Metall wieder als meine Uhr. Es stellte sich heraus, dass Kanonier Heinrich Wutz aus Wien, Familienvater, spindeldürr, ausgestattet mit einer Fistelstimme, mit der er als Damenstimmenimitator hätte auftreten können, beim Feuer anmachen Papier mit Kleinholz und meiner Uhr zusammengeknüllt in den Ofen gesteckt hatte. Heinrich entschuldigte sich tausendmal. Doch was half es, meine Uhr war weg, und ein deutscher Soldat ohne Uhr ist wie eine Katze ohne Schwanz. Schon beim Wachestehen ist eine Uhr unerlässlich, die Ablösezeiten müssen schließlich eingehalten werden. Ich machte unserem Zugführer also Meldung über den Verlust meiner Armbanduhr und legte ihm den Beweis vor, allerdings ohne ihn über die Umstände der Zerstörung aufzuklären. Hubert Kudelko meldete den Vorfall weiter an die Batterie und forderte für mich die legendäre Luftwaffen-Armbanduhr an. Wenige Tage später bekam ich die schöne, von allen begehrte Uhr ausgehändigt. Heinrich Wutz, der Uhrenverbrenner, war übrigens derjenige, der am lautesten „Fliegeralarm“ rufen konnte, jedoch sehr gedehnt, im typischen Wiener Dialekt. Er war ein lieber Junge.

Inzwischen war es Ende Januar 1944 und an der Landenge von Perekop wurde der Druck der Russen immer stärker. Dann wurden Freiwillige gesucht, aus jedem Zug zwei bis drei Mann. Als sich keiner meldete, erhielt unser Jüngster am Geschütz, Rainer Haas aus Köln, den Marschbefehl zu einer 3,7-cm-Flakeinheit. Einige Tage später erfuhren wir, dass man Rainer bei einem Artillerieangriff den Kopf abgeschossen hatte. Ich habe diesen lieben Buben bis heute nicht vergessen, und wenn ich an ihn denke, kommen mir immer wieder die Tränen.

Die letzte Schlacht

Zwischenzeitlich war unser Batteriechef, Dr. Bischoff, ohne dass wir es wussten, abgelöst worden. Wir haben nie mehr etwas von ihm gehört. Sein Nachfolger wurde Oberleutnant Steinmetz, ein Schreihals, der Bischoff nicht das Wasser reichen konnte. Unsere Lage auf der Mittelkrim wurde immer brenzliger und uns wurde langsam klar, zu welchem Zweck wir die Pferde und Protzen erhalten hatten. Die Rote Armee war bei Perekop endgültig durchgebrochen, und bei Kertsch und Feodosia gelandet. Die deutsche Wehrmacht war auf der Krim praktisch verloren. Wir verließen bei Nacht und Nebel Sarabus in Richtung Simferopol. Ein riesiger Tross von Soldaten, Pferden, Protzen und Geschützen. Wir trotteten zu Fuß nebeneinander her, nur Fußkranke und Volltrunkene wurden noch gefahren. Letztere, damit sie der neue Batteriechef nicht findet. Der lief nämlich laut schreiend neben dem Tross her und drohte damit, jeden, den er betrunken antreffen sollte, einzusperren. Leere Drohungen – wo hätte er denn die Landser einsperren sollen? Außerdem hatte er doch die Spirituosen an die Mannschaften ausgeben lassen! Und nüchtern war er selbst auch nicht mehr. Auf einem freien Platz mitten in Simferopol schlugen wir unsere Zelte zu einem Zwischenstopp auf. Ich fühlte mich saumäßig und war kaputt wie ein Hund. Hubert Kudelko erkannte das und versteckte mich nach dem Aufbau der Zelte hinter Strohballen. Tags darauf inspizierte der Divisionskommandeur überraschend unser Provisorium. Einigermaßen nüchtern erschienen wir zum Appell. Pickmann hielt eine kurze Ansprache und klärte uns über den Ernst der Lage auf. Wir merkten, dass seine Energie sehr nachgelassen hatte und dass aus dem Schreihals ein Lämmchen geworden war. Er war in Begleitung unseres Abteilungskommandeurs Knecht, den er zwischenzeitlich zum Oberst befördert hatte. Das war das letzte Mal, dass wir die beiden sahen. Die Russen hatten bereits Djankoi genommen.

Wir erhielten den Befehl zum Abmarsch in Richtung Sewastopol. Zuvor wurde das große Verpflegungslager der Wehrmacht angesteuert und eine halbstündige Pause eingelegt. Wir sahen, dass andere Einheiten bereits dabei waren, diese Riesenanlage zu plündern. Zehn Mann von uns, ich war nicht dabei, wurden abkommandiert, Brauchbares zu bergen, damit wir später keinen Hunger zu leiden brauchten. Die Kumpels besorgten sich fahrbare Untersätze und kamen kurze Zeit später voll beladen zurück. Sie hatten wirklich gute Sachen mitgebracht, Unmengen von Flottenspeck, Obst-, Fleisch-, Fisch- und Gemüsekonserven. Nur vom Feinsten – das Wenigste davon hatten wir während unserer Besatzungszeit auf der Krim zu sehen bekommen. Auch die einheimische Bevölkerung hatte freien Zutritt und deckte sich ein. Das Lager sollte danach angezündet werden, damit der Roten Armee nichts mehr in die Hände fallen konnte. Als wir Simferopol hinter uns ließen, brannte die halbe Stadt. Wir zogen, erschöpft, ausgebrannt, desolat, gen Süden in der Hoffnung die Krim über das Schwarze Meer verlassen zu können. Nach drei Tagen erreichten wir die Außenbezirke von Sewastopol. Wir richteten, gut gedeckt unter Felsvorsprüngen, provisorische Übernachtungsmöglichkeiten ein. Das war wichtig zum Schutz vor Partisanen, die uns immer wieder aus dem Hinterhalt beschossen.

Inzwischen war es März geworden, wir spürten den Frühling und das Heimweh. Wir schimpften und fluchten und zweifelten, dass es je zu einem guten Ende kommen sollte. Die Russen kamen immer näher und zu einem Gegenschlag waren wir nicht mehr in der Lage. Dank der amerikanischen Hilfe hatte sich die Rote Armee von Grund auf neu organisiert und war für uns unbesiegbar geworden. Gegenüber dieser grandiosen Übermacht waren wir der Vernichtung preisgegeben. Mir war das schon lange klar geworden, ich durfte aus Vorsicht jedoch mit niemandem darüber reden. Und nach wie vor hatte jeder von uns den festen Glauben an eine Heimkehr.

Mit einem vom Flak-Regiment zur Verfügung gestellten Volkswagen-Jeep machten wir jetzt tägliche Patrouillen-Fahrten in die nähere Umgebung. Das Fahrzeug war immer mit vier Mann besetzt und sollte besonders die Straßenverhältnisse und die Nähe des Feindes erkunden. Bei solch einer Fahrt erhielten wir plötzlich starken Artilleriebeschuss. Vor uns operierende Infanteriekolonnen mit ihren Pferden waren bereits vollkommen aufgerieben. Auf einmal kam, wie ein von Geisterhand über einen kleinen Hügel geworfener Spielball, eine Granate des Feindes auf der Straße angekullert und blieb vor uns liegen – zum Glück ein Blindgänger! Auf diesen Schreck machten wir kehrt und kamen unbeschadet zu unserer Ausweichstellung zurück. In der nächsten Nacht erfolgte ein Stellungswechsel, da der Infanteriebeschuss ständig zunahm. Wir waren durch die Felsen zwar gut geschützt, jedoch ließen uns die Querschläger nicht zur Ruhe kommen. In einer Feuerpause verschwanden wir schnellstens und fanden in einem nahegelegenen Waldgebiet vorerst Unterschlupf. Am nächsten Morgen griffen die Russen erstmalig mit tieffliegenden Schlachtfliegern von Typ JL-2 an, die uns mit ihren Bordwaffen derart zusetzten, dass wir uns kaum unter dem Dreiecksverband unseres Geschützes hervorwagen konnten. Endlich erhielten wir den Befehl „Feuer frei!“ und konnten einige dieser Maschinen abschießen. Von unserer Luftwaffe war nichts zu sehen und der Druck der Russen aus der Luft nahm ständig zu. Anderentags fanden wir in unmittelbarer Nähe der Stellung das große Aluminiumstück eines Leitwerks. Die grau-grüne Farbe war noch nicht einmal ganz trocken und darauf stand in schwarzer Schrift „Made in USA“.

Der nächste Stellungswechsel brachte uns direkt an die Steilküste der Severnaja-Bucht. Die Bucht war hier ungefähr drei Kilometer breit, sie stellte außerdem die Zufahrt zum Hafen von Sewastopol dar. Damit wir von der anderen Seite der Bucht aus nicht gesehen werden konnten, gruben wir uns in Einmann-Löchern ein. Dahinter hoben wir ein 4x4-Meter-Loch von zwei Meter Tiefe aus, in dem wir unsere Lebensmittel lagerten. Das Ganze wurde wasserdicht mit Zeltplane überspannt. Noch etwas weiter hinten schafften wir uns unter verschiedenen Felsvorsprüngen gut gedeckte Schlafplätze. Unsere Geschütze versteckten wir in Mulden und deckten sie mit Tarnnetzen ab. Es bestand ohnehin absolutes Schießverbot. Uns gegenüber bereitete sich die Rote Armee auf den Sturm von Sewastopol vor, womit die Rückeroberung der gesamten Krim eingeleitet werden sollte. Wir waren durchaus nicht hoffnungslos in dieser Situation, schließlich rechneten wir immer noch mit einem massiven Einsatz unserer Luftwaffe und mit einem geordneten Abzug per Flugzeug oder Schiff.

In den Wochen nach dem Abzug aus Sarabus gab es bei unserer Einheit noch einige personelle Veränderungen. Hubert Kudelko schaffte es tatsächlich, Absolvent einer Offiziersschule im Reich zu werden. Er verließ uns von heute auf morgen und wurde von Feldflughafen Balaklawa bei Sewastopol ausgeflogen. Leutnant Heribert Steeg, unser Batterieoffizier, wurde leider versetzt - vielleicht ließ er sich auch versetzen wegen Differenzen mit Batteriechef Steinmetz. Für ihn rückte Leutnant Walter Mittendorf nach, ein ehemaliger Unteroffizier aus unseren Reihen. Unteroffizier Fink, der Pferdenarr, wurde befördert und in eine andere Einheit versetzt. Das tat mir wirklich leid, denn ich hatte ihn, wenn auch recht spät, schätzen gelernt. Unsere Pferdchen hatten wir übrigens noch alle. Sie wurden von einigen Kameraden aus dem Tross so gut **es** ging versorgt. Bevor die Kampfhandlungen begannen, bestand der engere Kreis meiner Kameraden aus den Unteroffizieren Josef Eumel aus Bochum und Sepp Stoiber aus München sowie den Obergefreiten Heinz Gries (Köln), Karl Gies (Frankfurt), Heinrich Wutz (Wien), Willi Näser (Frankfurt), Fred Eckstein (Frankfurt) und Willi Küppers (Düsseldorf). Hinzu kam vom Nachbargeschütz das sächsische Gewächs Obergefreiter Hans Täubner.

Nachdem wir uns an der Steilküste eingeigelt hatten, erfuhren wir, dass sich unser Divisionsstab mit General Pickmann an der Spitze per Schnellboot aus dem Staub gemacht hatte. Diese Kunde verschlechterte unseren seelischen Zustand beträchtlich. Nur der Glaube an die Heimkehr hielt uns aufrecht und unsere überragende Kameradschaft.

Auf der anderen Seite der Severnaja-Bucht hatten die Russen inzwischen starke Streitkräfte zusammengezogen, um unsere Stellungen sturmreif zu schießen. Urplötzlich, es war in der zweiten Aprilhälfte 1944, wurden wir mit derart massivem Artilleriefeuer eingedeckt, dass wir tagsüber nicht aus unseren Einmann-Löchern heraus konnten. Erst in der Dämmerung konnte man seine Notdurft verrichten und sich unter einem Felsen ein ruhiges Plätzchen suchen, um etwas zu essen und zu trinken. Allgemeine Lagebesprechungen brachten nichts, von unserer verbliebenen Führung ließ sich niemand blicken. In der Morgendämmerung, nach einer sehr kurzen und unruhigen Nacht, begann das Trommelfeuer der Roten Armee. Als Karl Gies aus seinem Loch sprang, um sich im Zelt etwas Essbares zu holen, wurde er von einem Splitter schwer an der rechten Schulter verletzt. Eine Granate war voll in unserem Vorratszelt eingeschlagen. Karl schrie zum Herzerbarmen. Ich nutzte eine kurze Feuerpause, sprang aus meinem Loch, zerrte Karl unter einen zehn Meter entfernten Felsvorsprung und versuchte, den riesigen Granatsplitter aus der Schulter zu ziehen – leider vergeblich. Der Splitter steckte zu tief, außerdem verbrannte ich mir an dem glühend heißen Metall die Finger. Die Russen sahen, dass sich bei uns etwas bewegte, und verstärkten das Feuer. Ich blieb bei Karl und überlegte, wie ich ihm helfen konnte. Kriechend und hustend vor lauter Pulverdampf beschaffte ich Verbandszeug und versuchte, ihm einen Notverband anzulegen, um das Blut zum Stillstand zu bringen. Ich war mit den Nerven fix und fertig. Stunden später, nachdem die Russen das Feuer eingestellt hatten, konnte Karl ins Lazarett transportiert werden. Dort wurde er operiert und später mit einer der letzten Ju-52 von Balaklawa ausgeflogen. Für ihn war der Krieg vorerst beendet und wir alle streckten die Hände in die Luft und riefen „Wir bitten um den lebenserhaltenden Heimatschuss!“ Auf diese makabere Weise konnte mancher deutsche Soldat der Hölle Krim entrinnen.

Ende April warteten wir immer noch sehnsüchtig auf den Entsatz durch die deutsche Luftwaffe. Aber das Einzige, was wir zu sehen bekamen, und das nur selten und aus der Ferne, waren ein bis zwei kreisende deutsche Jagdflugzeuge, die schnell wieder verschwanden. Man hat die Krim-Armee auf ähnliche Weise ihrem Schicksal überlassen wie die Stalingrad-Kämpfer. Allerdings mit zwei wesentlichen Unterschieden: Wir hatten genug zu essen und brauchten nicht zu frieren. Nach insgesamt elf Tagen konnten wir unsere Stellungen nicht mehr halten. Nachts machten wir uns also klammheimlich in Richtung Halbinsel Chersones davon. Auf dem Weg dorthin bewachten wir für kurze Zeit ein Lager für russische Kriegsgefangene, das direkt in einer kleinen Bucht am Meer lag. Als die Gefangenen merkten, dass wir Vorbereitungen zum Abtransport über See trafen, wollten alle mit uns in die Freiheit nach Konstanza übersetzen. Leider war alles nur Utopie und Wunschdenken. Die versprochenen Prahm-Fähren kamen nicht, und es geschah genau das, was sich die Russen vorgestellt hatten: Die Reste der ruhmreichen Krim-Armee wurden zu guter Letzt auf der Halbinsel Chersones zusammengetrieben und eingekesselt. Wir gingen auf einem flachen Abschnitt in Stellung und warteten ab. Unsere geliebten Pferdchen ließen wir frei, die mussten sich wie die Wildpferde jetzt selbst versorgen. Es war vollkommen ruhig geworden – wie im Frieden. Wir hatten immer noch Schießverbot und konnten in Ruhe unser Geschütz auf Holzböcken in Stellung bringen. Das hatte den Vorteil, dass wir nachts unter dem Dreiecksverband der Kanone schlafen und bei Beschuss Schutz suchen konnten. Anfang Mai war wunderschönes Wetter, die Nächte waren warm. Wir scherzten, waren guter Dinge und konnten endlich mal wieder einige Stunden schlafen. Die Ruhe dauerte drei Tage. Es hieß, die Russen würden auf Nachschub warten und sich auf die große Vernichtung vorbereiten. Wir waren mit zirka 100 000 Mann eingeschlossen und immer noch gut bewaffnet. Ein Entkommen ohne fremde Hilfe war nicht mehr möglich – rechts, links und hinter uns war das Schwarze Meer.

Dann griffen uns die Russen am helllichten Tag plötzlich mit allen verfügbaren Waffen an. Zuerst kamen die Stalinorgeln, dann die niedrig fliegenden Schlachtflugzeuge Il-2, hochfliegende Douglas-Bomber, 17,2-cm Schnellfeuergeschütze und in der Dämmerung haufenweise Nähmaschinen. Das Getöse dauerte mehrere Stunden. Wir kauerten unter unserem Geschütz. Vor lauter Pulverdampf sahen wir nichts mehr, kämpften mit Atemschwierigkeiten und stülpten schließlich die Gasmasken über. Wir befürchteten schon, die Russen hätten Giftgas eingesetzt. Ein ohrenbetäubender Knall in unserer Stellung riss uns auf die Beine. Verletzt wurde zwar niemand, jedoch mussten wir feststellen, dass der u-förmige Deckel über den man Zugang zum Verschluss des Geschützes hatte, durch einen Granatsplitter vollkommen eingedrückt war. Unsere Kanone war damit zerstört. Wir hoben den Deckel, entfernten den Verschluss und vergruben ihn. So würde auch der Feind mit dem Geschütz nichts mehr anfangen können.

Wir kamen nicht mehr zur Ruhe. In der Nacht vom 11. auf den 12. Mai erhielten wir den Befehl, in der vordersten Linie 8,8-cm und 2-cm-Geschützbesatzungen abzulösen. Das hörte sich nach einem Himmelfahrtskommando an und ich befürchtete schon das Schlimmste. Die Hauptkampflinie war ungefähr drei Kilometer von uns entfernt und wir machten uns unwillig zu Fuß auf den Weg in Richtung Front. Wir, das waren Willi Näser, Heinz Gries, Willi Küppers, Heinrich Wutz, Sepp Stoiber und ich. Das Kommando hatte Leutnant Mittendorf. Bewaffnet waren wir mit unseren Karabinern und zwei Pistolen, die Mittendorf und Stoiber besaßen. Da wir wussten, dass jeder Rotarmist mit ei-

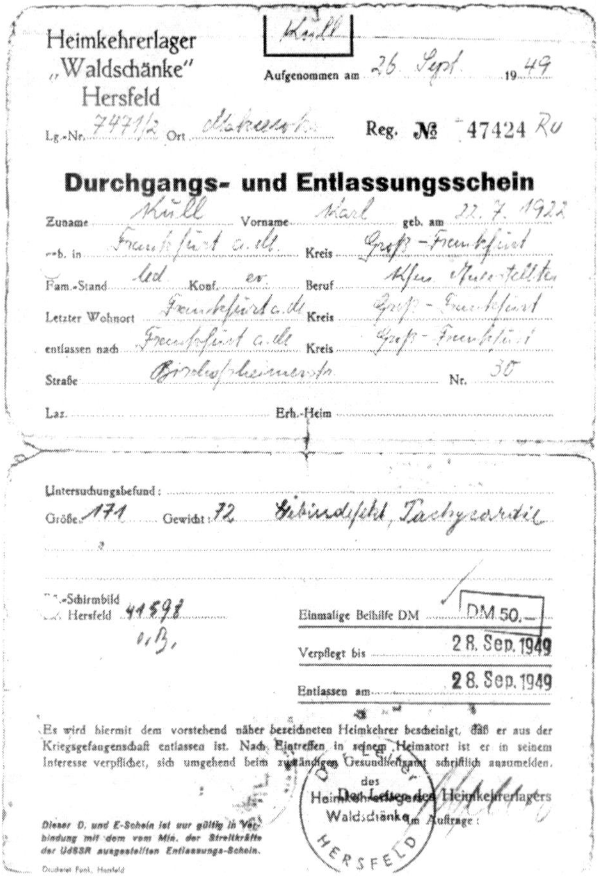

Heimkehrerlager
„Waldschänke"
Hersfeld

Küll

Aufgenommen am 26. Sept. 19 49

Lg.-Nr. 7471/2 Ort

Reg. № 47424 Ru

Durchgangs- und Entlassungsschein

Zuname Küll Vorname Karl geb. am 22. 7. 1922

geb. in Frankfurt a. M. Kreis Groß-Frankfurt

Fam.-Stand led. Konf. ev. Beruf

Letzter Wohnort Frankfurt a. M. Kreis Groß-Frankfurt

entlassen nach Frankfurt a. M. Kreis Groß-Frankfurt

Straße Bischofsheimerstr. Nr. 30

Laz. Erh.-Heim

Untersuchungsbefund:

Größe 171 Gewicht 72 Tachycardie

Schirmbild Hersfeld 41598

Einmalige Beihilfe DM DM 50,–

Verpflegt bis 28. Sep. 1949

Entlassen am 28. Sep. 1949

Es wird hiermit dem vorstehend näher bezeichneten Heimkehrer bescheinigt, daß er aus der Kriegsgefangenschaft entlassen ist. Nach Eintreffen in seinem Heimatort ist er in seinem Interesse verpflichet, sich umgehend beim zuständigen Gesundheitsamt schriftlich anzumelden.

Der Leiter des Heimkehrerlagers
Im Auftrage:

Dieser D. und E-Schein ist nur gültig in Verbindung mit dem vom Min. der Streitkräfte der UdSSR ausgestellten Entlassungs-Schein.

Druckerei Funk, Hersfeld

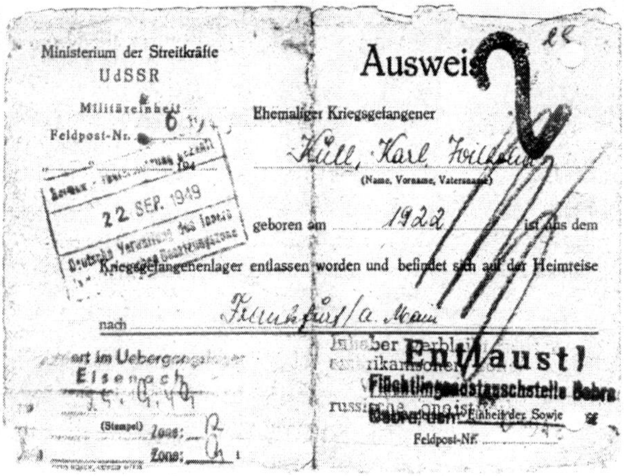

Ministerium der Streitkräfte
UdSSR
Militäreinheit
Feldpost-Nr. 6

22 SEP. 1949
Deutsche Vereinigung des Landes

Ausweis

Ehemaliger Kriegsgefangener
Küll, Karl Wilhelm
(Name, Vorname, Vatersname)
geboren am 1922 ist aus dem Kriegsgefangenenlager entlassen worden und befindet sich auf der Heimreise
nach Frankfurt/a. Main

Entlaust!
Flüchtlingsdurchgangsstelle Bebra

Eisenach

(Stempel) Zone:
Zone:

Feldpost-Nr.

НКО—СССР
Воинская часть
Полевая почта
№ 61948

« » 194 г.

Откарантина освобожден

СПРАВКА а.

Бывший военнопленный
Кюлл Карл-Вильгельм
(Фамилия, имя, отчество)
1922 года рождения освобожден из лагеря для военнопленных и следует по месту своего постоянного жительства в г.
Франкфурт/Майн

место для печати

Командир в/ч Советской Армии
Полевая почта №

ner Kalaschnikow ausgerüstet war, kam uns unsere Ausrüstung völlig unzulänglich vor. Auf unserem Weg kamen uns Dutzende deutsche Soldaten entgegen, die uns reichlich mit dummen Sprüchen eindeckten. Ein Feldwebel rief: „Es lebe Adolf Hitler – wir kämpfen für Führer, Volk und Vaterland!“ Wir schauten uns verdutzt an und gingen schweigend weiter. Der Herr Feldwebel dürfte nicht mehr ganz nüchtern gewesen sein.

Gegen 3 Uhr morgens erreichten wir die Stellungen. Es war mucksmäuschenstill. Leutnant Mittendorf gab leise seine Befehle. Heinz Gries und ich wurden einer 2-cm-Kanone zugeteilt, die bereits mit Fred Eckstein als Richtschütze besetzt war. Das Wiedersehen mit Fred und anderen bekannten Kameraden war sehr herzlich. Unsere Kanonen waren für den Erdkampf präpariert und mit einem Schützengrabensystem untereinander verbunden. Der tiefe Graben bot uns guten Schutz und in der hohlen Hand konnte man auch mal genüsslich ein Zigarettchen rauchen und sich leise unterhalten. So war es einigermaßen erträglich. Hinter uns, etwa 50 Meter entfernt, befanden sich zwei gut getarnte 8,8-cm-Geschütze mit Panzer- und Sprenggranaten. Die sollten den Ansturm der russischen Infanterie aufhalten. Heinz und ich machten Fred den Vorschlag, Lederriemen zusammenzuknüpfen und an den Abzug zu binden, um vom Graben aus schießen zu können. Auch die Magazine konnte man vom Graben aus wechseln, das war jedoch ziemlich anstrengend. Es wurde zusehends heller, der Himmel war wolkenlos. Gegen halb sechs fingen die Russen an, aus allen Rohren zu feuern. Wir setzten unsere Stahlhelme auf und beobachteten den Ansturm der Rotarmisten. Wir sahen mehrere Hundert blutjunge, fanatische Soldaten, ohne Stahlhelm, nur mit Mützchen auf dem Kopf, in breiter Front auf uns zukommen. Jeder von ihnen feuerte wie wild aus seiner MP. Als sie noch etwa einen Kilometer entfernt waren, bekamen wir den Befehl „Feuer frei“. Fred Eckstein sprang in den Richtsitz und wir hielten rein, was das Zeug hielt. Heinz und ich wechselten blitzschnell die Magazine. Ich schaute immer wieder durchs Fernrohr. Was da auf uns zukam, war ungeheuerlich! Was tun, der Feind kam immer näher? Als ich nach hinten schaute, sah ich, wie ein mir bekannter 8,8-cm-Kanonier von einem Explosivgeschoss im Gesicht getroffen wurde. Blutüberstömt reichte er noch Granaten weiter. Ein zweiter Kanonier fiel plötzlich um, er dürfte einen Bauchschuss erhalten haben. Das 8,8-cm-Geschütz fiel schließlich aus. Die Lage wurde von Minute zu Minute brenzlicher. Hunderte von Geschossen, die in unserer Nähe einschlugen, machten einen Höllenlärm, man konnte sein eigenes Wort nicht mehr verstehen. Plötzlich hörte Fred auf zu schießen. Leblos hing er im Richtsitz. Heinz und ich holten ihn herunter, legten ihn auf den Grabenboden und sahen, dass er einen Kopfschuss erhalten hatte. Der Schuss war am linken Auge eingedrungen und am Hinterkopf wieder ausgetreten. Ich nahm ihm den Helm ab. Fred lebte noch, er atmete stark. Nach meiner Einschätzung war er nicht mehr zu retten. Ich faltete ihm die Hände und betete einige Augenblicke. Unter Tränen nahm ich ihm seine Erkennungsmarke und die Papiere ab. Dann hörte Fred auf zu atmen.

Der Druck der Russen wurde immer unerträglicher. Beim Blick über den Grabenrand sah ich das Unglück rasch näher kommen. Plötzlich gab Mittendorf den Befehl zum Rückzug. Schnell wie der Blitz öffnete ich den Deckel der Kanone, entnahm den Verschluss und vergrub ihn in unmittelbarer Nähe des toten Fred. Ich zog meinen Waffenrock aus, andere taten das Gleiche, riss das Krimschild und die roten Flakembleme herunter und vergrub sie ebenfalls. Die Russen verkündeten schon seit Tagen an der Hauptkampflinie deutschsprachig über Lautsprecher, dass sie alle Flaksoldaten, die sie bei der Gefangennahme in voller Uniform mit Krimschild antreffen sollten, sofort erschießen würden. Alle anderen waren schon in Richtung Strand gerannt, Heinz und ich waren die Letzten. Ich schnappte mein Holzköfferchen, das ich einst von einem tatarischen Zivilisten gegen Bezahlung hatte anfertigen lassen, und rannte wie besessen los. Das Köfferchen war seit Langem mein ständiger Begleiter, es enthielt nur das Notwendigste: eine eiserne Ration, Seife, Zahnbürste, Unterwäsche, Strümpfe und Schokocola. Alles rannte und flüchtete in Richtung der vor uns liegenden Kruglaja-Bucht. Die Geschosse schlugen überall ein und viele Kameraden erreichten den Strand nicht mehr. Wir rannten um unser Leben. Auf halber Strecke sah ich plötzlich Walter Mittendorf liegen. Er war an den Beinen schwer verwundet. Als ich bei ihm auftauchte, hatte er bereits seine Pistole aus dem Halfter gezogen. Heinz und ich wollten ihn mitschleppen, doch noch, bevor wir ihn erreichten, hatte er sich in die Schläfe geschossen. Er starb, während wir weiter Richtung Strand hasteten. Dann sahen wir vor uns, in der Nähe des Strandes, ein Haus stehen, aus dem eine weiße Fahne wehte. Wir wussten, dass dort vorne, wenn nichts mehr passierte, unsere Flucht ein Ende haben würde.

Völlig atemlos und kaputt erreichten wir beide den rettenden Strand der Kruglaja-Bucht und ließen uns vor dem total zerschossenen Haus in den Sand fallen. Wir fielen uns weinend in die Arme, froh, noch am Leben zu sein. Dann gratulierte ich Heinz Gries zum Geburtstag, er wurde am Tag unserer Gefangennahme 22 Jahre alt. Viele Landser saßen schon am Strand, alle erschöpft, viele verwundet. Keiner sagte ein Wort, es war ganz ruhig. Nur aus der Ferne waren noch Schüsse zu hören. Vor uns am Strand lag ein aufgeblasenes Schlauchboot der deutschen Wehrmacht. Es wurde gerade von zehn oder zwölf Kameraden ins Wasser geschoben. Bei dieser Gruppe sah ich Hans Täubner, das Großmaul aus Dresden. Er erkannte mich und rief: „Karl, komm schnell, wir paddeln in die Freiheit." Auf diesen Ruf hin liefen andere zum Boot, das bereits im Wasser lag und vollkommen überladen war, und hielten sich an den Außentauen fest. Das Schlauchboot entfernte sich langsam vom Strand.

Mit Spannung erwarteten wir dann das Erscheinen der Rotarmisten, doch vorerst ließ sich keiner blicken. Ich zog meinen rechten Stiefel aus, packte meine neue Luftwaffenuhr in einen Stofflappen und verstaute das gute Stück flach zwischen Fußballen und Ferse im Knobelbecher. Am Tag unserer Niederlage war schönstes Wetter. Auch das Meerwasser war blaugrün und klar. Nur der Strand sah ziemlich verunreinigt aus. Geraume Zeit später, es dürfte inzwischen nach acht Uhr morgens gewesen sein, hörten wir lauter werdende Geräusche. Drei russische Panzer T-34, eine riesige Staubwolke hinter sich herziehend, rollten sehr schnell auf den Strand zu und blieben mit quietschenden Ketten stehen. Dutzende Rotarmisten, alle ohne Stahlhelm, sprangen, schwer bewaffnet mit Kalaschnikows und Pistolen und behängt mit Munition und Handgranaten, von den Panzern herunter. Sie verhielten sich zunächst ganz ruhig. Kein Wort wurde gesprochen. Auf dem vordersten Panzer standen drei degradierte deutsche Offiziere. Einer davon war mit einer Flüstertüte bewaffnet. Er rief uns zu: „Hier spricht das Komitee Freies Deutschland, Bund Deutscher Offiziere in der Sowjetunion. Soldaten der Deutschen Wehrmacht, ihr seid ab sofort Kriegsgefangene der Roten Armee! Hebt eure Hände und ergebt euch! Für euch ist der Krieg zu Ende. Leistet keinen Widerstand mehr und gebt eure Waffen ab! Zieht eure Stiefel aus und leert alle Taschen! Dies ist eine einmalige Aufforderung. Sollten bei einer Kontrolle Waffen oder Munition gefunden werden, wird der betreffende Gefangene sofort erschossen! Wer sich vernünftig verhält, dem passiert nichts! Das wäre fürs Erste alles. Ende!"

Mai 1944 - September 1949

Der Marsch ins Lager

Die Rotarmisten setzten sich in Bewegung und riefen laut und vernehmlich „rucky werch“ (Hände hoch!). Ein älterer sowjetischer Soldat, der mit seinem schwarzen, buschigen Schnurrbart wie Stalin aussah, bewegte sich auf mich zu. Er könnte Georgier gewesen sein. Ich nahm die Hände hoch, er tastete mich ab und verlangte von mir die Hosentaschen umzudrehen. Ich hatte weder Waffen noch Munition bei mir. Den Karabiner hatte ich schon längst weggeworfen und mein Holzköfferchen hatte ich, um schneller und beweglicher zu sein, einfach beim toten Leutnant Mittendorf stehengelassen. Am Koppel des Russen sah ich eine Feldflasche baumeln. Ich hatte unheimlichen Durst und versuchte ihn mit Handzeichen und Gebärden dazu zu bringen, mich aus seiner Feldflasche trinken zu lassen. Er machte tatsächlich die Flasche ab und reichte sie mir. Ich nahm einen kleinen und einen größeren Schluck: Es war süßer Tee. Ich bedankte mich mit gefalteten Händen und mehrmaligem Kopfnicken. Er sagte etwas, das ich aber nicht verstehen konnte. Dann fragte er nach „Uri, Uri“, meiner Armbanduhr. Ich hatte beide Stiefel bereits ausgezogen und überreichte ihm ganz vorsichtig – jede falsche Bewegung hätte fatal sein können – meinen rechten Stiefel mit dem Zeichen, ihn auszuschütten. Er verstand, kippte den Stiefel um und meine schöne, in einen sauberen Stofflappen gewickelte Luftwaffenuhr fiel heraus. Er nahm sie, wickelte sie aus, hielt sie ans Ohr, nickte und lachte. Er verglich die Zeitanzeige mit anderen Uhren, die er bereits an beiden Armen trug, steckte sie in die Hosentasche und schnappte sich noch meine beiden ziemlich neuen Stiefel. Bestrumpft stolperte ich dem alten Mann hinterher und er führte mich zu einem Platz, an dem schon viele abgefertigte Landser in Achterreihen Aufstellung genommen hatten und auf den Abtransport warteten. Heinz Gries war auch schon da, andere Kameraden konnte ich nicht mehr sehen. Wir waren hungrig und sehr müde und wir versuchten uns hinzusetzen, doch das erlaubten die Herren Sieger nicht. Ich besaß jetzt nur noch das, was ich am Leib trug: kurze Unterhosen, ein ärmelloses Unterhemd mit Hoheitsadler der Luftwaffe, meinen Waffenrock, die lange Hose sowie ein Paar durchlöcherte Strümpfe. Trotzdem fühlte ich mich in dem Moment gut behandelt.

Ich sah und hörte, dass drüben bei den Panzern heftig diskutiert wurde. Man schaute durch Ferngläser und deutete immer wieder auf die Bucht hinaus. Das schon ziemlich weit entfernte Schlauchboot versuchte, so schnell wie möglich aufs offene Meer zu entkommen. Die werden doch nicht …! Mir verschlug es die Sprache! Doch, sie schossen tatsächlich! Ein Schuss vor den Bug, einen hinter das Boot, der dritte Schuss war ein Volltreffer. Danach war von dem Boot nichts mehr zu sehen. Von den Insassen dürfte wohl keiner überlebt haben. Gut, dass ich dem Täubner nicht gefolgt bin!

Nachdem das Filzen vorbei war und wir alle, etwa 200 Mann, abmarschbereit herumstanden, meldete sich der deutsche Offizier vom Komitee Freies Deutschland nochmals per Megafon. Er verkündete, dass wir jetzt in Richtung Sewastopol-Stadt marschieren würden. Wir sollten den Wachsoldaten gehorchen, nicht aus der Reihe tanzen. Jeder Fluchtversuch würde den Tod bedeuten. Die Sonne stand inzwischen hoch am Himmel und es wurde drückend heiß. Durst und Hunger machten sich bemerkbar. Völlig apathisch setzte sich die Masse Mensch in Bewegung, angetrieben vom ständigen „Dawei, dawei!“ (Los, auf, dalli, dalli!) der Wachmanschaften. Die Stiefel hatte man uns wegen der Fluchtgefahr abgenommen und so versuchte jetzt jeder möglichst schnell etwas unter die Füße zu bekommen. Der Schutz unserer Füße sollte noch lebenswichtig werden!

Mir war überhaupt noch nicht bewusst, was eigentlich geschehen war. Vor ein paar Stunden war ich noch ein würdevoller deutscher Soldat, der zwar für ein Ideal kämpfen musste, an das er im Grunde seines Herzens nie geglaubt hat, der aber dennoch im Besitz einer Soldatenehre war. Jetzt war ich plötzlich entwaffnet, ein Nichts. Ich taumelte stumpfsinnig in eine Zukunft, von der ich nicht die geringste Vorstellung hatte. In den ersten verzweifelten Stunden der russischen Gefangenschaft konnte ich mich kaum damit abfinden, in dieses Abhängigkeitsverhältnis geraten zu sein. Ich kam mir ungerecht behandelt und entwürdigt vor. Dann fand ich langsam in die Wirklichkeit zurück und begann wieder meinen Fähigkeiten zu vertrauen. Bis hierhin hatte ich den Krieg unbeschadet überstanden. Ich war immer noch sehr jung und konnte mit etwas Glück auch aus dieser Situation herauskommen.

Meine Strümpfe waren nach kurzer Zeit durchgelaufen und ich begann nach etwas Ausschau zu halten, mit dem ich meine Füße umwickeln konnte. Die russischen Soldaten waren auch nur Menschen und ebenso wie wir zum Umfallen müde. Immer wieder ließen sie anhalten, um sich und uns eine Ruhepause zu gönnen. Bei einer dieser Pausen fand ich zufällig einen Jutesack deutschen Ursprungs. Er war noch gut erhalten. Ich riss ihn auseinander und band mir damit die Füße zu.

Mehrere Kilometer weiter erreichten wir eine Sammelstelle für deutsche Kriegsgefangene. Wir wurden neu eingeteilt, die Bewachung wechselte und wir setzten uns wieder in Achterreihen in Bewegung. Die Gruppe war jetzt doppelt so groß. Heinz Gries und ich achteten peinlich darauf zusammenzubleiben. Unsere Aufpasser waren jetzt beritten. Auf ihren kleinen Panje-Pferdchen trippelten sie neben uns her, größtenteils betrunken. Einer von ihnen war Kirgise. Er hatte einen bitterbösen Blick, schoss dauernd mit seiner MP in die Luft und lachte dabei wie ein kleines Kind. Das versetzte uns in Angst und Schrecken. Richtig schlimm wurde es, als ein total besoffener russischer Leutnant auf einem deutschen Schimmel – es hätte mein Hansi sein können

– angesprengt kam, gefährlich mit seiner Pistole herumfuchtelte und sie dabei auch auf uns richtete. Heinz, der inzwischen auch ganz gut geschützte Füße hatte, und ich versuchten, uns im Zug der Gefangenen möglichst einen guten Mittelplatz zu sichern. Von außen könnten ja Unannehmlichkeiten auf uns zukommen. Wir passierten von nun an die russischen Linien. Was wir da zu sehen bekamen, versetzte uns in maßloses Erstaunen. Nagelneues Kriegsgerät und Waffen aller Gattungen in unübersehbaren Mengen. Daneben Hunderte von Kisten voller Lebensmittel. Gegen solch eine Übermacht hätten wir den Krieg niemals gewinnen können! Hunderte von Soldatinnen und Soldaten bevölkerten die Wegränder. Sie beschimpften und bespuckten uns. Viele Soldatinnen waren schwanger. Sie streckten ihre Bäuche heraus um uns zu zeigen, dass genügend Nachwuchs für die Rote Armee unterwegs ist. Andere Frauen bekleideten hohe militärische Ränge, bis hin zum Oberst. Für die russischen Streitkräfte war der Krieg auf der Krim zu Ende. Es wurde kräftig gefeiert, gut gegessen und viel getrunken. Ihre Gesänge zur Balalaika waren kilometerweit zu hören. An den Hängen des hügeligen Geländes lagen viele Tote aus beiden Lagern. Infolge des warmen Wetters verpestete der Verwesungsgeruch ekelerregend die Luft und der Hunger verschwand schlagartig.

Nach stundenlangem Dahinschlurfen erreichten wir die ersten zerstörten Häuser von Sewastopol. Eine riesige Menschenmenge, nur Frauen und Kinder, empfing uns lautstark mit Geschrei, Gesang und drohenden Fäusten. Ich witterte äußerste Gefahr und verkrümelte mich noch mehr in die Mitte unserer Karawane. Die russischen Frauen fragten die Bewacher, ob sie unseren Haufen nach Vergewaltigern oder Mördern ihrer Angehörigen durchsuchen dürften. Die Wachen gaben ihnen freie Hand. Die Frauen holten wahllos Landser aus unserer Mitte, die am Straßenrand sofort von den Wachen erschossen wurden. Die wenigsten von ihnen dürften schuldig gewesen sein. Heinz und ich konnten von Glück sagen, diesem Massaker entronnen zu sein.

Gott sei Dank durchquerten wir Sewastopol noch am selben Tag und machten bei Anbruch der Dämmerung endlich in einem Seitental Halt. Zu diesem Zeitpunkt dürften wir noch über tausend Gefangene gewesen sein. Unsere Bewachung, mit der Führung einer solchen Menge von Menschen offensichtlich überfordert, überlegte nun krampfhaft, wie es weitergehen sollte. Das Tal, das man als Nachtlagerstätte ausgesucht hatte, war sehr eng und nur zu Fuß zu begehen. Man befahl uns, an den Hängen zu beiden Seiten zu lagern. Zu essen gab es nichts. Die erste Nacht in Gefangenschaft war saukalt. Wir legten uns löffelweise mit angezogenen Beinen aneinander, deckten uns mit den Waffenröcken zu und zogen die Mützen tief ins Gesicht. Auf diese Weise hatten wir es warm und konnten einigermaßen schlafen. In der Dunkelheit durfte übrigens keiner aufstehen, auch nicht zum Austreten, das war nur am Tag erlaubt, unter Aufsicht.

In der Morgendämmerung scheuchten uns die Wachen mit lautem „dawei, dawei!“ hoch. Bevor der Marsch weiterging, wurden wir noch einmal gründlich gefilzt. Einer der Landser war tatsächlich so dumm, drei Patronen Munition dabei zu haben. Er wurde an Ort und Stelle erschossen. Ohne etwas zu essen zu bekommen setzten wir uns wieder in Richtung Simferopol, das ungefähr 170 km entfernt lag, in Bewegung. Viele Kameraden wurden auf dem langen Weg schwach oder konnten wegen der vielen Blasen an den Füßen nicht mehr laufen. Wir halfen uns gegenseitig so gut es ging. Fahrzeuge gab es keine und oft blieb unseren Bewachern nichts anderes übrig, als den armen Teufel, der nicht mehr mitkam, am Wegrand zu erschießen. Lebend zurücklassen konnten sie ihn nicht. Von der 390 000 Mann starken Krim-Armee der deutschen Wehrmacht gerieten etwa 66 000 Landser in Gefangenschaft – und ich war mitten unter ihnen. Meine Fußbekleidung hat sich Gott sei Dank bewährt, ich hatte keine Schwierigkeiten. An Hunger und Durst musste ich mich jedoch, wie die anderen auch, erst gewöhnen. Ich wunderte mich, welche Strapazen ein Mensch über mehrere Tage hinweg aushalten kann. Erst am vierten Tag unserer Gefangenschaft hielten die Russen es für nötig, sich einmal Gedanken über unsere Verpflegung zu machen. Laut internationalen Abmachungen (Genfer Konventionen) hatte auch damals schon jeder Kriegsgefangene Anspruch auf tägliche Verpflegung. Dafür musste man jedoch zugewiesene Arbeiten übernehmen. Wieder führte man uns abseits der großen Nationalstraße in hügeliges Gelände zur Nachtruhe. Dort tauchten plötzlich Lkws auf, mit Säcken voller Hirse, Kanistern mit Wasser, Salz und Brennmaterial. Aus Feldsteinen wurden drei Feuerstellen gebaut und nach ein bis zwei Stunden war der Hirsebrei, genannt Kascha, fertig. Als Napf erhielten jeweils drei bis vier Mann eine leere zwei-Liter-Blechdose, in der sich vorher feinste amerikanische Wurstkonserven befunden hatten. Die Ausgabe der Kascha zog sich geraume Zeit hin und jeder erhielt zusätzlich einen Kanten russisches Brot. Es war zwar etwas feucht aber trotzdem sehr willkommen. Endlich konnte man seinem Magen mal etwas anbieten und die meisten stürzten sich mit Heißhunger auf das Angebotene – und sollten die Eile beim Essen prompt bereuen. Ich selbst ging die Sache langsam an. Mein Unterbewusstsein sagte mir: Sei vorsichtig und iss mit Vernunft, dein Magen ist entwöhnt! Da ich keinen Löffel besaß, wie einige meiner Kameraden, musste ich warten, bis einer frei wurde. Sobald die Büchsen leer gegessen waren, wurden sie mit Wasser aus den Kanistern gefüllt und wir konnten das erste Mal unseren Durst löschen. Die Wachmannschaften, die in den vergangenen Tagen auch nicht viel zu Essen bekommen hatten, waren genauso dankbar wie wir für die warme Mahlzeit.

Die Armut und die Abhängigkeit von den Russen waren jetzt vollkommen. Wir waren wehrlos und ohnmächtig der Erniedrigung ausgeliefert. Jetzt waren wir die hilflosen Untermenschen, als welche die Nazis die russischen Kriegsgefangenen noch vor Kurzem verhöhnt und diffamiert hatten. Das Blatt hatte sich gewendet. Alles kam so, wie ich es in meinen Träumen geahnt hatte.

Die zunehmende Hitze am Tag machte uns schwer zu schaffen, manchen laugte sie bis zur totalen Erschöpfung aus. Den Bewachungssoldaten erging es nicht viel besser und so wurden öfters Ruhepausen eingelegt. Obwohl es mit der Verpflegung jetzt besser klappte, hatten wir ständig Hunger und Durst. Nachts war es immer noch kalt und ich wunderte mich, dass keine Erkältungskrankheiten aufkamen. Ich vertraute auf meine körperliche Verfassung, schließlich war ich jung und durch die Kriegsjahre abgehärtet.

Bereits am zweiten Tag des Marsches verspürten manche von uns ein Kribbeln am ganzen Körper. Ich zog mein verschwitztes und schmutziges Unterhemd aus, drehten es auf links und sah die Bescherung: Dutzende kleine, rote, bewegliche Pünktchen, die sich mit meinem wertvollen Blut vollgesaugt hatten und die sich stündlich vermehrten. Es war zwar interessant den Flöhen zuzuschauen, nur: Wo kamen die so plötzlich her? Waren sie von den Rotarmisten übergesprungen? Die kamen ja auch lange nicht aus den Klamotten raus und konnten keine Körperpflege betreiben. Erfahrenere Kumpel klärten mich auf, dass es sich bei den Plagegeistern um Menschenläuse handelte, die das Fleckfieber übertragen konnten. So weit kam es Gott sei Dank nicht. Ich schüttelte mein Hemd aus, um wenigstens einen großen Teil der Läuse loszuwerden. Wenn Läuse geschlüpft sind, sehen sie aus wie sehr kleine rote Pünktchen. Durch die menschliche Körperwärme und der Blutnahrung vermehren sich die Biester innerhalb von Stunden und in wenigen Tagen in Tausende von Plagegeistern. Den Russen blieb unsere Misere nicht verborgen. Sie signalisierten, dass es nur noch wenige Kilometer bis zur Entlausungsstation wären. Die Sonne schien erbarmungslos auf uns nieder und am späten Nachmittag des fünften Tages erreichten wir das zerstörte Simferopol. Wir kamen gar nicht zur Ruhe, denn sofort wurden wir für die Entlausungsaktion aufgeteilt. Die Russen hatten anscheinend panische Angst, dass eine Epidemie ausbrechen könnte, die auch für die Bewacher verhängnisvolle Folgen hätte haben können. Ärzte gab es keine, Medikamente auch nicht und auch nichts zu essen. Für die Entlausung aber war bestens vorgesorgt worden. Die Russen hatten einen erbeuteten Entlausungszug deutschen Ursprungs herbeigeschafft, der sogar mit frischer Wäsche ausgestattet war. Wir entledigten uns der verlausten Kleider, wurden mit Desinfektionsmitteln eingesprüht und durch die Banja, die Massenduschanlage, geschleust. Danach bekamen wir frische Wäsche, Strümpfe, Fußlappen und unsere entlausten Waffenröcke und Hosen zurück. Die alte Unterwäsche wurde an Ort und Stelle verbrannt. Sogar Salben und Binden für die Füße hatten die Russen aufgetrieben, womit wir uns selbst behandeln durften. Außerdem gaben sie uns alte, schnürsenkellose russische Militärschuhe und Fußlappen.

Noch in der Nacht wurden wir in geschlossene Güterwaggons verladen, die mit Strohballen ausgestattet waren, und die Fahrt ins Ungewisse begann. Zu essen bekamen wir immer noch nichts, auch Trinkbares wurde uns verweigert. Zwei Tage dauerte die Fahrt. Lediglich zur Verrichtung der Notdurft gab es einige Zwischenstopps und die festverriegelten Waggons wurden geöffnet. Die neuen Bewachungsmannschaften lachten sich tot, als wir aus den Waggons torkelten um uns zu erleichtern. Die hatten keine Ahnung, wie schlecht es uns ging. Viele Landser bekamen jetzt Durchfall und konnten den Stuhl nicht mehr halten. Den Gestank mussten wir in Kauf nehmen. Wir bekamen zwar nichts zu trinken, hatten aber Glück im Unglück. Am zweiten Tag, während der Nachtfahrt, setzten starke Regenfälle ein. Not macht erfinderisch. Durch das Öffnen der Luftklappen konnten wir von dem aufs Dach prasselnden Regenwasser einiges mit unseren Blechbüchsen auffangen. Das war zwar eine mühselige Arbeit, aber man bekam wenigstens feuchte Lippen und einige Schlucke des köstlichen Nasses ab.

Im Auffanglager

Dann war die Bahnfahrt zu Ende und wir wurden mit amerikanischen Lkws in ein großes Auffanglager gebracht, wo sich schon einige Tausend deutsche Kriegsgefangene befanden. Die gefangen genommenen Ungarn und Rumänen kamen in anderen Lagern unter. Wir wurden in leer stehenden deutschen Nissen-Baracken untergebracht, die viele Fenster und einen Holzfußboden hatten. Unter den Fenstern waren alte Ziegelsteine gestapelt, von denen der Mörtel gekratzt worden war. Die konnten wir als Kopfkissen benutzen. Wir waren sehr froh, endlich ein Dach überm Kopf zu haben und ohne Körperkontakt zum Nebenmann schlafen zu können. Am nächsten Tag teilten uns die Russen in 20-25 Mann starke Brigaden ein und ernannten jeweils einen Verantwortlichen, der seinen Haufen zusammenhalten sollte, und dessen Befehle auszuführen waren. So lernte ich den ehemaligen Oberfeldwebel Hermann Deutsch kennen. Ihm gelang es, aus einem Haufen hungriger Männer einigermaßen umgängliche Typen zu formen. Wenn nur der ständige Hunger und Durst nicht gewesen wäre! Hermann bemühte sich redlich, uns das Weiterleben erträglich zu machen. Viele verzweifelten, wollten flüchten oder Selbstmord begehen. Andere wurden krank. Die schaffte man aus dem Lager. Wiedergesehen haben wir sie nicht mehr.

Beim Essenfassen spielten sich immer wieder erschreckende Szenen ab. Gerade ich, der gewissenhafte Karl Kull, musste unserem verehrten Hermann Deutsch Kummer bereiten. Wenn er tagelang nichts Gescheites in den Bauch bekommen hat, kann der beste Mensch der Versuchung nicht widerstehen. Ich hatte doppelt Essen gefasst. Alles wäre gut gegangen, wenn mich nicht ein junger russischer Wachsoldat gesehen hätte. Der schrie gleich nach dem deutschen Brigadier. Hermann verpasste mir eine völlig gerechtfertigte Standpredigt, doch die Strafe der Russen war schlimmer. Sie verknackten mich zu fünf Tagen Karzer. Hermann versprach mir, mich möglichst schnell dort herauszuholen. Der Karzer war ein mit Holz ausgeschlagener Erdbunker, ein dunkles, stinkendes, dreckiges Loch, in dem fünf Zentimeter hoch das Wasser stand. Man konnte sich weder setzen noch legen, an Schlaf war nicht zu denken. Ich schwor mir, mich niemals wieder in eine solche Situation zu bringen. Zusatznahrung wollte ich nur noch mit Diplomatie beschaffen. Außerdem bereute ich mein unkameradschaftliches Verhalten und nahm mir fest vor, dies eines Tages den Kameraden gegenüber wieder gutzumachen. Am dritten Tag des Karzers konnten wir – ich war nicht der einzige Insasse – durch den Schlitz in der Tür sehen, wie die Doppelposten den Weg für Hermann Deutsch und einen russischen Offizier freimachten. Taschenlampen flammten auf, das Tor ging auf und zwei Namen wurden gerufen, darunter meiner. Wir zwei Freigelassenen wurden sofort vergattert, ja nie mehr doppelt Verpflegung zu fassen. War ich glücklich, diesem Elend entronnen zu sein! Wie Hermann es angestellt hatte, meinen Kameraden und mich vorzeitig da rauszubekommen, blieb sein Geheimnis.

Nach einigen Tagen des Nichtstuns erhielten wir nochmals frische Wäsche und hörten, dass wir bald abtransportiert werden sollten, um in Zukunft in russischen Kohlebergwerken zu arbeiten. Wir befanden uns nämlich bereits im größten Kohlenförderungsgebiet der Welt, dem Donbass in der Ukraine, angeblich zehnmal so groß wie das Ruhrgebiet. Wir sollten hier Wiedergutmachung leisten. Die Schächte, die deutsche Truppen beim Rückzug unter Wasser gesetzt hatten, sollten wir leer pumpen und die Förderung wieder in Gang bringen. Es sollte jahrelang unsere Aufgabe sein, wiederaufzubauen, was die Wehrmacht kaputtgemacht hatte.

Das Wetter war Anfang Juni 44 so gut, dass wir uns den ganzen Tag im Freien aufhalten konnten. Die Gespräche drehten sich nur ums Essen und Trinken. Wir diskutierten über die Zubereitung von Speisen, die für uns Utopie waren. Dann wurden endlich die Latrinen fertig: drei bis vier Meter tiefe Löcher, zirka 10 Meter lang und drei Meter breit, über denen 20 Zentimeter starke Rundhölzer, die sogenannten Donnerbalken, installiert waren. Überdachung gab es keine. Die Latrinen stellten zum Verrichten der Notdurft eine deutliche Verbesserung dar. Man musste jedoch höllisch aufpassen, nicht das Gleichgewicht zu verlieren. Mancher verlor wegen Schwäche den Halt, stürzte in die Tiefe und war rettungslos verloren.

In der restlichen Zeit bis zum Abtransport durften wir uns auf eine Wiese setzen, solange wir uns nur ruhig verhielten. Aus Langeweile kauten wir auf Gräsern herum und suchten irgendetwas zum Rauchen. Herumfliegende Fetzen der Prawda, dem Wahrheitsorgan der kommunistischen Partei der Sowjetunion, konnte man dazu verwenden, trockene Gräser einzuwickeln, bis etwas entstand, das eine Ähnlichkeit mit einer dickbauchigen Zigarre hatte. Es gelang uns sogar, die Ungetüme in Brand zu setzen, indem wir aus Steinen Feuer schlugen. Alle probierten das Zeug – ich auch. Schnell stellte ich fest, dass es krank machte. Die Russen beobachteten uns und boten uns ihre hochgeschätzte Machorka an, die sie in Ledersäckchen aufbewahrten. Machorka ist eine tabakähnliche Pflanze, die getrocknet und fein geschnitten wird. Sie ist goldgelb und wird auch in Zeitungspapier gewikkelt. Dabei entsteht aber normalerweise etwas, was aussieht wie selbst gedrehte Zigaretten. Von Machorka gibt es verschiedene Sorten – scheußlich schmecken alle. Um meine Gesundheit nicht zu ruinieren, stellte ich das Rauchen kurzerhand ein. Viele meiner Leidensgenossen jedoch rauchten sich förmlich ins Jenseits. Die Gräser machten sie krank, mancher starb daran.

Eines Tages lernte ich einen abgehalfterten, dürren Oberfeldwebel kennen, der buchstäblich alles rauchte. So sah er auch aus. Er sagte, er könne aus der Hand lesen und versuchte damit an etwas Rauch- oder Essbares heranzukommen, obwohl er genau wusste, dass keiner von uns ein Krümelchen besaß. Ich sagte ihm, dass er außer einem Dankeschön nichts von mir zu erwarten hätte. Trotzdem nahm er meine Hand, schaute verklärt auf die Linien und begann zu erzählen. Angeblich würde ich nach Hause kommen, jedoch erst nach mehreren Jahren, würde eine Frau kennenlernen und sie heiraten. Ihr Vorname würde mit I anfangen und aus der Ehe würden zwei Kinder hervorgehen. Die Wahrsagerei war ja ganz unterhaltsam, aber geglaubt habe ich dem Herrn Oberfeldwebel kein Wort. Ich habe ihn dann aus den Augen verloren und hörte wenig später, er sei gestorben. Nachzutragen bleibt, dass ich tatsächlich eine Frau geheiratet habe, deren Namen mit I beginnt: Irene. Allerdings war uns nur ein Kind beschieden.

Das wenige und schlechte Essen, das wir von den Russen erhielten, reichte nicht aus, um unsere Gesundheit auf Dauer einigermaßen zu erhalten. Die Verpflegung bestand damals aus insgesamt 600 Gramm Brot, verteilt auf drei Mahlzeiten. Das Brot war pitschnass. Es wurde aus Mehl hergestellt, das aus Roggenkörnern gemahlen wurde, die wegen großer Feuchtigkeit bereits in der Ähre wieder zu keimen begonnen hatten. Außerdem gab es einmal am Tag eine Kelle voll kaum gesalzener Wassersuppe und abends eine halbe Kelle voll Pampe, von den Russen Kascha genannt. Die Kascha wurde abwechselnd aus dicken Graupen, Hirse oder Schrotmehl gerührt. Zu trinken gab es nur abends einen kleinen Becher voll lauwarmem Wasser. Manchmal konnte man etwas Tschai (Tee) ergattern, ohne Zucker, versteht sich. Im Übrigen hatten auch unsere Bewacher nicht genug zu essen – die Front hatte Vorrang, dort schöpften sie aus dem Vollen.

Der ganzen trostlosen Situation waren die Russen nicht im Geringsten gewachsen. Vor allem die mangelhafte Wasserversorgung erwies sich als problematisch. Unsere ausgemergelten Körper waren nicht mehr widerstandsfähig genug, um Durchfall, Ruhr und Fleckfieber abzuwehren. Außerdem traten Fälle von Dystrophie auf. Es fehlte an ärztlicher Betreuung und Medikamenten. Auch das Ungeziefer machte sich wegen katastrophaler hygienischer Verhältnisse wieder breit. Es wurde höchste Zeit, dass sich unsere Lebensverhältnisse veränderten.

Cadik

Endlich, Ende Juni 1944 kam für unsere Brigade der Tag der Erlösung. Bereits am frühen Morgen wurden wir aufgescheucht, um zu je 40 Mann einen offenen Lkw zu besteigen, auf den wir nur draufpassten, wenn alle standen. Der Konvoi, der uns nach Cadik bringen sollte, einem kleinen Ort in der Mitte der Ukraine mit einigen Bergwerken in der Nähe, bestand aus 10 Lastwagen. Die Fahrt von etwa 100 km dauerte bis zum späten Nachmittag. Kaum angekommen wurden wir von ungefähr 25 uniformierten Ärzten und Ärztinnen, Offizieren und Mannschaftsdienstgraden empfangen. Nach dem Sprung vom Lkw stellten wir uns in Fünferreihen auf und wurden gezählt. Die Zählappelle sollten für uns noch zur Gewohnheit werden, sie fanden ab jetzt zweimal täglich statt. Erst dann wurden wir in die Quartiere geführt. Das Lager bestand aus zweistöckigen Gebäuden, deren obere Stockwerke man nur über sehr steile Holztreppen ohne Geländer betreten konnte. Gleich am ersten Tag kamen hier einige Landser zu Sturz und zogen sich böse Verletzungen zu. Dank Hermann Deutsch und viel Glück wurde unserer Brigade eine Unterkunft im Parterre zugewiesen. Wir kamen in einen der großen Schlafsäle, in dem ungefähr hundert Mann in zweistöckigen Holzverschlägen ruhen konnten. Strohsäcke gab es vorerst keine. Die dünnen Leinensäcke, die vermutlich aus erbeuteten deutschen Beständen stammten, durften wir erst am nächsten Tag mit Stroh füllen. Die erste Mahlzeit erhielten wir noch am selben Abend. Wir nahmen sie in einer offenen, überdachten Halle ein, die sich hinter dem Hauptgebäude befand und die mit schmalen Holztischen und wackligen Bänken eingerichtet war. Wie üblich gab es Kascha, diesmal aus Hirse, nasses Brot und ein paar Schlucke übel schmeckendes Wasser. An der Ausgabestelle wurde gearbeitet, dort entstand die neue Küche, die später 1200 Gefangene versorgen musste. Etwa 400 Ungarn, die schon seit einigen Wochen hier waren, betrachteten sich als die Platzhirsche. Sie bildeten sich ein, uns herumkommandieren und schikanieren zu können. Leider konnten wir am Anfang gar nichts dagegen tun, da die Ungarn bereits alle Schlüsselpositionen im Lager besetzt hatten.

Ich war inzwischen ziemlich apathisch geworden und ließ die Ereignisse abrollen. Ändern konnte man ohnehin nichts. Auch denken brauchte man nicht, das erledigten die Russen für einen. Egal ob Schütze oder Offizier, jeder war hier zum Nichts degradiert, zur absoluten Bedeutungslosigkeit. Es sei denn, man war der russischen Sprache mächtig, wie zum Beispiel der ehemalige Hauptmann Walter Bruhns, Spross einer oberschlesischen Offiziersfamilie, Mitte Dreißig und wirklich ein feiner Kerl. Er setzte sich für uns bei den Russen ein, und konnte sie sogar davon überzeugen, dass wir gerne die russische Sprache lernen würden. Sie sollten ihm nur erlauben, sie uns beizubringen, schließlich würden beide Seiten etwas davon haben. Dabei war es vor allem für uns wichtig, sich mit den russischen Wachen verständigen zu können. Es kam nämlich gelegentlich vor, dass Gefangene totgeschlagen wurden, nur weil sie angeblich die Arbeit verweigert hatten. Die wahre Ursache waren Verständigungsprobleme.

Das Lager Cadik war sehr alt und dürfte vorher eine Strafstätte der Sowjets für ihre eigenen Leute gewesen sein. Man hatte es notdürftig hergerichtet, um uns Kriegsgefangenen eine einigermaßen intakte Bleibe zu bieten. Für die Russen war es wichtig, die abgesoffenen Schächte wieder in Betrieb zu nehmen, mit der geförderten Kohle die Hochöfen zu feuern und Kriegsmaterial zu produzieren. Dafür brauchten sie uns. Obwohl wir alle sehr schwach waren, hatten sie eine panische Angst, dass der eine oder andere von uns abhauen könnte. Ein Zeichen dafür war der zweimal tägliche Zählappell. Wenn das Aufstellungnehmen nicht schnell genug ging, wurden die Russen ziemlich nervös. Dann wurde schon mal geschossen oder vom Gewehrkolben Gebrauch gemacht. Dabei waren fast immer Sprachschwierigkeiten das Problem. Zum Glück verstand es Hermann Deutsch, unser russisch sprechender Kommandant, immer wieder die aufgeregten Sowjets zu beruhigen.

Um das Lager zu sichern, hatten die Russen die Wachtürme doppelt besetzt und mit starken Scheinwerfern ausgerüstet. Nur ein kleiner Streifen Niemandsland trennte die beiden etwa fünf Meter hohen, unter Strom stehenden Stacheldrahtzäune voneinander. Dort tobten einige scharfe Kettenhunde herum, deren ständiges Gebell uns ziemlich auf die Nerven ging. Ein Fluchtversuch war praktisch unmöglich. Wer es dennoch wagte, war ein toter Mann und aus russischer Sicht ein Esser weniger.

Die russische Bevölkerung war so arm wie Hiob, unsere Bewacher, auch die Offiziere, eingeschlossen. Und so war es kein Wunder, dass sich alle an den Lebensmittelvorräten bereicherten, die eigentlich für uns Kriegsgefangene gedacht waren. Ich wurde später öfters zum Lebensmittelempfang für die Großküche abkommandiert. Deren Magazin befand sich wenige Hundert Meter außerhalb des Lagers. Der Empfang der Waren vollzog sich stets unter strengster Bewachung und ich konnte dabei sehr traurige Beobachtungen machen. Für über 1200 Mann gab es eine tägliche Zuckerration von etwas mehr als sechs Kilogramm. Das entspricht 5 Gramm pro Mann. Zucker, Mehl, Hirse und Salz wurden abgewogen, verschwanden dann in einem kleinen Nebenraum und wurden erst später in kleinen Jutesäckchen an uns ausgehändigt. Ob dabei alles mit rechten Dingen zuging?

Das Lager Cadik konnten wir ab jetzt als unsere ständige Bleibe betrachten und die Russen schickten sich an, die Hygienesituation einigermaßen in den Griff zu bekommen. Damit keine Seuchen ausbrechen konnten, war es wichtig, uns sauber und ungezieferfrei zu halten. Dazu brauchte man jedoch eine ausreichende Zahl desinfizierter Dusch- und Waschräume mit warmem und kaltem Wasser. Vorerst hatten wir aber nur wenige primitive Waschräume mit mehreren U-förmigen Blechwaschbecken, kaltem Wasser, Kernseife und schlecht saugende Leinenhandtücher. Die Banja, das heißt, der Duschraum mit 25 Düsen befand sich außerhalb des Lagers. Er durfte nur von den Schachtern benutzt werden, die kohlschwarz aus der Grube kamen. Neue Unterwäsche gab es auch noch nicht, also mussten wir die alten Klamotten wieder anziehen. Der nächste Gang war zum Frisör. Unsere Gastgeber hatten inzwischen einige Frisöre unter uns ausfindig gemacht und sie mit Rasiermessern ausgestattet. Unter der Aufsicht sowjetischer Ärzte und Ärztinnen musste man sich komplett ausziehen und wurde von Kopf bis Fuß kahl geschoren, wobei wirklich jedes Körperhaar entfernt wurde. Danach kam man sich vor wie ein kleines Kind, außerdem fror man plötzlich, obwohl es warm war. Die auf Lederriemen geschärften Rasiermesser wurden den Frisören abends abgenommen und morgens wieder ausgeteilt. Das waren ja gefährliche Waffen, die man kontrollieren musste. Die Aktion Rasur war nach ein paar Tagen vorüber, wurde jedoch regelmäßig wiederholt. Inzwischen waren Waggons voller Unterwäsche und Uniformen deutscher Herkunft eingetroffen. Die Kleider wurden regelmäßig gereinigt und wir hatten das Hygieneproblem einigermaßen im Griff. Das ließ uns die Situation etwas leichter ertragen.

Auch die Toiletten im Lager entsprachen nicht dem modernsten Standard. Anfangs stand uns eine Latrine zur Verfügung, die aus Geruchsgründen etwa 100 Meter von den Baracken entfernt angelegt worden war. Nach unserem Eintreffen reichte sie jedoch nicht mehr aus und wurde von den Sowjets mit schwerem Gerät vergrößert. Die Konstruktion war dieselbe wie im Auffanglager, nur die Donnerbalken wurden jetzt überdacht. Doch fehlten auch hier eine nächtliche Beleuchtung und eine Sicherung gegen das Abstürzen. Bei der täglichen Zählung wurden die nächtlichen Abgänge festgestellt und wir mussten so lange auf dem Appell-Platz verweilen, bis die armen Kerle mit Stangen gefunden und geborgen wurden. Das war eine scheußliche Angelegenheit und ich gewöhnte mir an, die Latrine nur tagsüber zu benutzen. Später wurden starke Lampen installiert und die Anzahl der Unfälle ging zurück. Zum Pinkeln gab es spezielle Pissbuden. Wer beim wilden Pinkeln erwischt wurde, dem waren 3 bis 10 Tage Karzer sicher!

Ich merkte schnell, dass unser Essen für den Erhalt unserer Gesundheit nicht ausreichte, auch wenn wir noch nicht schwer arbeiten mussten. Deswegen wollte ich unbedingt versuchen, an mehr genießbare Lebensmittel heranzukommen. Eines Tages wurden für die Großküche, die komplett in ungarischer Hand war, deutsche Hilfsköche und sogar ein deutscher Chefkoch gesucht. Hermann Deutsch, der mir ja seit Anfang unserer Bekanntschaft väterliche Sympathie entgegenbrachte, setzte sich für mich ein, und so wurde ich tatsächlich als Hilfskoch in die Großküche abkommandiert. Obwohl ich niemals Koch gelernt hatte, konnte ich einigermaßen kochen. Ich hatte von frühester Jugend an den Wunsch, Schiffskoch zu werden und meine Mutter brachte mir einiges bei. Allerdings trieb mir mein Vater diese Flausen schnell wieder aus. Die Großküche jedenfalls sollte meine Überlebenschancen erheblich steigern. Zum neuen Küchenchef wurde auf Vorschlag von Hermann Deutsch Franz Sandner ernannt. Er war ein guter Junge, der mich auch nach meiner Zeit in der Großküche noch essensmäßig unterstützt hat. Obwohl er ein hervorragender Koch war, konnte er auch nicht zaubern – immerhin gelang es ihm, aus den von den Russen zur Verfügung gestellten Rohstoffen genießbare und einigermaßen schmackhafte Speisen zuzubereiten. Die Russen kontrollierten den Ablauf in der Küche sehr genau. Das Essen muss auch ihnen geschmeckt haben, denn immer pünktlich zur Mittagszeit erschienen größere Abordnungen, an der Spitze der Lagerkommandant, die sich mit unserem Essen die Bäuche vollschlugen. Was für uns an Suppe und Kascha fehlte, wurde mit Wasser verlängert.

Um den Betrieb der Großküche zu verbessern, setzte sich Franz Sandner, ganz im Gegensatz zu den Ungarn, mit den Russen in

Verbindung und forderte dringend benötigte Gerätschaften an. Zum Beispiel war einer von drei Kupferkesseln kaputt und Franz gab nicht eher Ruhe, bis die Russen den defekten Kessel ausgewechselt hatten. Außerdem forderte er die Anschaffung von Schöpflöffeln, Kellen, Schüsseln, Eimern, Kannen und anderer Sachen, die in einer Großküche gebraucht werden. Und tatsächlich, die Russen brachten alles an, was sich der Franz wünschte. Die Sachen waren zwar nicht neu, aber zweckmäßig und nun konnte der Küchenbetrieb richtig losgehen.

Meine Zeit in der Küche war turbulent und ereignisreich. Außer mir gab es einen weiteren Hilfskoch, Paul Schmitt, der mir immer etwas zwielichtig vorgekommen war. Auf manchen anderen wirkte er auch so, als hätte er nicht alle Tassen im Schrank. Er sprach gut russisch und englisch und verstand sich außerdem aufs Bauchreden. Damit nahm er die Russen manchmal ganz schön auf den Arm. Einmal gab er Hilferufe von sich, wie wenn ein Mensch im Kamin feststecken würde. Die Russen hörten die Schreie und wollten helfen. Sie holten mehrere Mann von den Wachen, um den Armen zu befreien, aber natürlich fanden sie niemanden und so zogen sie ziemlich ratlos wieder ab. Sie haben Gott sei Dank nie herausbekommen, wie der Paul sie auf die Schippe genommen hatte. Dann war Paul Schmitt eines Tages spurlos verschwunden. Man erzählte sich, die Russen hätten ihn wegen seiner Sprachkenntnisse in ihren Geheimdienst gesteckt. Nach seinem Verschwinden fiel uns auf, dass er Kameraden denunziert haben könnte, und zwar solche, die als SS-Angehörige enttarnt hätten werden können. Denn immer wieder waren nachts 5 Mann starke russische Kommandos in den Schlafsaal gekommen, in dem Paul Schmitt schlief, hatten einen Gefangenen aus dem Bett geholt und mitgenommen. Keiner der Mitgenommenen ist je zurückgekommen. Diese Aktionen sorgten für einige Unruhe. Mich persönlich betraf es nicht und ich redete mir ein, dass es mir egal sein konnte. Ich erledigte meine Arbeit zur Zufriedenheit meines Küchenchefs, rührte Suppe, schleppte Wasser und schälte Kartoffeln – und ich wurde satt. Was wollte ich mehr, als dieses bisschen Glück?

Da die Sterblichkeit im Lager zunahm, machte die provisorische deutsche Führung den Vorschlag, für bessere Verpflegung zu sorgen, und die Russen akzeptierten. Zur Bereicherung des Speiseplans brachten sie etwa ein Dutzend Holzfässchen an, ungefähr 60 Zentimeter hoch, und gefüllt mit eingelegten, winzigen silbernen Fischchen, die ausschauten wie Sardinen oder Kieler Sprotten. Die salzigen Fischchen, Riba genannt, sollten in Zukunft allen Suppen und Kaschas beigemischt werden. Franz probierte das erst mal an einer Suppe aus – es schmeckte abscheulich und machte außerdem sehr durstig. Und das bei unserer Wasserknappheit. Schließlich wurden die Fische stückweise zum Brot ausgegeben. Und ob er sie aß oder wegwarf, musste jeder selbst entscheiden. Vom Wegwerfen durften die Russen allerdings nichts mitbekommen – sie liebten diese Fischchen wie die eigene Frau.

Die Russen waren die Herren des Lagers und ließen uns das deutlich spüren. Dennoch legten sie einen großen Teil der anfallenden Verwaltungsarbeit in deutsche Hände, allerdings mit vielen Auflagen. Der russische Lagerkommandant Kalenkow war ein strenger Herr, der alles, was deutsch war, aus tiefstem Herzen hasste. Bei einem stundenlangen Appell ließ er alle russisch sprechenden Landser heraustreten und auf einem gesonderten Platz Aufstellung nehmen. Jeder wurde einer intensiven Gesichtskontrolle unterzogen und schließlich entschieden sie sich für den Oberschlesier Paul Hansmann als deutschen Lagerführer. Hermann Deutsch wurde sein Stellvertreter. Paul, der ehemalige Obergefreite, wurde verpflichtet, zusammen mit einem jungen sowjetischen Offizier die zweimal täglichen Zählungen durchzuführen und dem Kommandanten über die Vollzähligkeit Meldung zu machen. Als Lagerführer wären natürlich auch einige ehemalige deutsche Offiziere infrage gekommen. Von denen befürchteten die Russen jedoch, sie würden unter den Gefangenen faschistisch-nationalsozialistisches Gedankengut verbreiten, was aus kommunistischer Sicht natürlich nicht annehmbar war. So wählte man eben den grobschlächtigen Mannschaftsdienstgrad Paul Hansmann, der damals etwa 45 bis 50 Jahre alt gewesen sein dürfte. Paul beschaffte sich eine Gerte, mit der er immer herumwedelte und Schläge androhte, begleitet von heftigem Geschrei. Hiebe verteilte er jedoch nicht. Wenn es ums Antreten ging, schlug Paul meist zum Schein in die Menge. Den Russen imponierte dieses Gehabe und sie hatten ihren Spaß daran. Wenn sich die Deutschen gegenseitig totschlugen, konnte ihnen das nur recht sein. Hermann Deutsch, der Stellvertreter, tat sein Möglichstes, Pauls gelegentliche Wutausbrüche zu dämpfen.

Zur Unterstützung der deutschen Lagerführung wurde eine Gruppe Hilfspolizisten zusammengestellt, die für eine noch straffere Ordnung sorgen sollten. Diese Gruppe rekrutierte sich hauptsächlich aus solchen Kriegsgefangenen, die sich als Nazi-Gegner ausgaben, aber gar keine waren. Einer von ihnen war Anton Eichhorn, ein besonders fieser Typ, der uns Landser verpfiff und denunzierte, wo er nur konnte. Der Karzer war ständig überfüllt, weil Eichhorn den Sowjets erzählte, der oder jener hätte dies oder jenes zum Schaden der Sowjetunion gesagt. Das ging so lange, bis sich einige zusammentaten und ihm eine ordentliche Abreibung verpassten. Paul Hansmann, von allen der Lagerpaul genannt, dachte nicht im Traum daran, die Täter suchen zu lassen. Stattdessen schlug er ihm vor, sich doch einmal besonders hervorzutun und sich freiwillig zur Schachtarbeit zu melden, was Eichhorn schließlich auch tat. Eines Tages war er dann verschwunden. Man nahm an, dass bei seinem Abgang die Russen die Finger im Spiel gehabt hatten, da Eichhorn die russische Sprache sehr gut beherrschte.

Den Ungarn, die sich anfangs als Lagerführer aufspielten, wurde die Führung übrigens recht schnell entzogen, was ihnen nicht besonders gefiel – wir Deutsche waren schließlich in der Überzahl. Ihr Sprecher, ein Arzt namens Esterhazy, der später Lazarettchef wurde, arrangierte sich letztendlich mit Paul und Hermann. In der ersten Zeit im Lager, als wir alle uns noch eingewöhnen mussten, war der Umgang mit den ungarischen Mitgefangenen trotz einiger Vorbehalte eigentlich ganz locker. Im Laufe der Zeit bildeten sich jedoch gewisse Aversionen heraus, die daher kamen, dass die Ungarn von den Russen besser behandelt wurden als wir. Mit russischer Unterstützung eroberten sie verloren gegangene Schlüsselstellungen im Lager zurück. Der Brotraum, der Trockenraum und das Lazarett kamen wieder in die Hände der Magyaren und von verschiedenen anderen Posten stellten sie die Stellvertreter. Die Ungarn galten bei den Russen auch nicht als Kriegsverursacher, sondern eher als „verführte Mitläufer".

Ab sofort mussten auch die Ungarn an den Zählungen auf dem großen Appellplatz teilnehmen. Sie nahmen gesondert Aufstellung und ihr Oberbrigadier machte an Paul die Anwesenheitsmeldung. Die Zeremonie lief wie folgt ab: Alle mussten in Fünferreihen antreten. Dann traten nacheinander jeweils fünf Mann vor. Ein Russe zählte die Fünfergruppen, ein zweiter schrieb und ein dritter bediente die russische Gleitkugelrechenmaschine. Getrennt davon machten Paul und Hermann ihre schriftlichen Notizen. Dann wurde verglichen, und wenn die Zählung nicht stimmte, wurde solange weitergezählt, bis man ein brauchbares Ergebnis gefunden hatte. Die Tatsache, dass immer einige Gefangene abwesend waren, entweder im Lazarett oder im Schacht, erschwerte den Zählvorgang. So dauerte ein Zählappell nicht selten 2 Stunden, wodurch die Essenstermine nicht mehr eingehalten werden konnten und die betreffenden Gefangenen hungrig zur Schichtablösung im Schacht Viktoria abmarschieren mussten. Allerdings bekamen diejenigen nach Schichtende die doppelte Ration mit Nachschlag.

Die Zählungen wurden vom Stellvertreter des Lagerkommandanten geleitet, einem russischen Leutnant, der bei uns nur „Geh weg" genannt wurde. Seinen richtigen Namen habe ich nie erfahren. Der Herr Leutnant war ein wahrer Hüne und seinen Untergebenen gegenüber recht rabiat. Die jungen Wachsoldaten belegte er häufig mit so obszönen Schimpfwörtern, dass sie rot anliefen. Zu den Gefangenen jedoch war er sanft wie ein Huhn. Seine Beschimpfungen konnten wir anfangs natürlich noch nicht verstehen, erst später erschloss sich uns die Bedeutung und wir verwendeten das Vokabular gerne in eigener Sache. Die beiden einzigen Wörter, die der Leutnant auf Deutsch sagen konnte, waren „Geh weg!". Immer wenn ein Gespräch mit Paul oder Hermann zu Ende ging, sagte er „quadit", was so viel heißt wie „genug" und zum Abschluss folgte ein „Geh weg!". Damit hatte er seinen Spitznamen weg.

Wir besaßen weder Uhren noch Kalender, lebten also zeitlos dahin. Auch ein Radio hatten wir nicht, und damit keinerlei Informationen darüber, was sich in der Welt sonst ereignete. Wir waren völlig orientierungslos. Deswegen waren wir einigermaßen überrascht, als die Russen Anfang Juni 1944 einige Tage wild feierten und ihre Lagerpflichten vernachlässigten. Später stellte sich heraus, dass die Landung der alliierten Streitkräfte in der Normandie begonnen hatte und sehr erfolgreich verlief. Sie kamen mit über 5500 Kriegs- und Transportschiffen und Tausenden von Soldaten. Aus England kamen Fallschirmjäger. Die deutsche Führung war überrumpelt worden und Hitler ließ sich auf dem Obersalzberg nicht einmal wecken. Innerhalb weniger Tage konnten die Alliierten etliche Brückenköpfe bilden, um schließlich von Westen her die Niederwerfung Deutschlands einzuleiten. Für uns spielte das alles keine Rolle mehr, der Krieg war für uns ohnehin zu Ende. Unsere Gedanken kreisten um die Erhaltung der Gesundheit und die Einteilung der Körperkräfte und natürlich hatten wir die Hoffnung auf Heimkehr – irgendwann.

Inzwischen war es September geworden. Die Zeit des größten Hungers war vorbei. Ich hatte deutlich an Gewicht zugelegt und musste damit rechnen, früher oder später auf Beschluss der russischen Gesundheitskommission im Schacht arbeiten zu müssen.

Dann war es soweit. Im Oktober 44 fand die große ärztliche Untersuchung statt, an der alle Gefangenen außer den Freigestellten teilnehmen mussten. Auch das Küchenpersonal kam diesmal an die Reihe. Jeder musste sich der schönen Ärztin im Range eines Majors und dem kleinen Arzt im Range eines Hauptmanns zur Fleischbeschau nackt präsentieren. Alle Mitglieder der Kommission fanden mich zu fett! Das bedeutete: raus aus der Küche und rein in den Schacht, oder auf russisch: „dawai na schachtu!" Von heute auf morgen wurde ich mit einigen anderen aus der Küche gefeuert und für die schwere, ungewohnte Arbeit unter Tage eingeteilt. Dafür endete die Schachtarbeit für meinen Freund Heinz Gries, die Kommission verordnete ihm leichte Lagerarbeit. Er war sehr schwach geworden und irgendwann konnte er kaum noch Arbeiten im Lager verrichten. So wurde er als Kranker im Lazarett aufgenommen, wo er einige Wochen verbrachte und wo er, nachdem er wieder gesund geworden war, weiterbeschäftigt wurde. Meinen Posten im Brotraum der Großküche bekam Janos zurück, ein ehemaliger ungarischer Feldwebel aus Budapest. Wir kamen gut miteinander aus, er sprach deutsch und war ein netter Kerl. Erst nachdem alle Ungarn Ende 45/Anfang 46 nach Hause entlassen worden waren, wurde Heinz Gries auf Empfehlung von Hermann Deutsch und Hans Wagner, dem Naratschik (Rechner, Finanzbeauftragter), der Boss im Brotraum.

Diejenigen Gefangenen, die es bereits zum Brigadier gebracht hatten, durften im Lager ein Viererzimmer bewohnen. Zu ihnen gehörte auch Willi Hartmann aus Detter bei Bad Brückenau, den ich ein paar Wochen vorher kennengelernt hatte. In der gleichen Bude wohnte auch Ernst Renner aus Fulda. Da er als Verbindungsmann und Dolmetscher zwischen der russischen Lagerführung und den mächtigen Schacht-Natschalniken (Chefs) eingesetzt war, bekam er das Privileg, außerhalb des Lagers, in der Nähe des Schachtes Viktoria zu wohnen. Im gleichen Haus war auch das Bergwerksbüro, wo Marussja, eine junge, sehr hübsche Russin, die Schichtpläne machte und die Arbeitsplätze einteilte. Willi Hartmann bot mir das freiwerdende Bett an und ich griff natürlich mit Freuden zu. Dritter Mann im Zimmer war der aus Wiesbaden stammende Metzger Willi Christmann, der im Schacht als Kohlenhauer eingesetzt wurde. Und dann gab es noch Hans Müller, der neben Hans Wagner als zweiter Naratschik diente. Auf unserer Bude entwickelte sich eine tolle Freundschaft, die bis zum Ende der Gefangenschaft anhalten sollte. Immer waren wir bemüht, zusätzliche Speisen zu beschaffen. Willi, unser schwergewichtiger Metzger, hatte seine besondere Methode, junge Hunde einzufangen, sie an Ort und Stelle zu schlachten und abzuziehen. Das Frischfleisch ließ er etwa eine Woche im Dachgebälk hängen und kochte dann für uns einen Topf Fleischsuppe mit Kräutern und Gewürzen. Die Suppe war eine echte Delikatesse, das Fleisch war so zart wie vom Kalb. Jeder von uns lieferte seinen Beitrag zum Festschmaus, von mir kam gehortetes Brot und süße Graupenkascha. Wir machten jedes Mal ein großes Geheimnis aus unserem Festessen – nur Hans Wagner und Heinz Gries wurden dazu eingeladen.

Die zusätzlichen Mahlzeiten waren die einzige Möglichkeit, die schwere und ungewohnte Arbeit im Schacht durchzustehen. Wir hatten alle unterschiedliche Schichten, sodass wir uns im Stubendienst ablösen mussten, was ganz prima klappte. Für den bevorstehenden Winter beschafften wir uns gute, ehemalige Wehrmachtsdecken und Kopfkissenbezüge. Der Betrieb eines dauernd brennenden Kanonenofens war wegen des Brandrisikos zu gefährlich.

Außer den Zählappellen gab es Sonderappelle, die stattfanden, wenn Hauptmann Kalenkow gerade Lust darauf hatte, völlig unabhängig davon, ob es Tag oder Nacht, warm oder kalt, früh oder spät war. Seine Anweisungen waren sofort in die Tat umzusetzen, worunter nicht nur wir Gefangene, sondern auch die russischen Wachmannschaften litten. Bei einem dieser Appelle stellte er uns Major Mihail Rosenbaum vor, der als Polit-Offizier den russischen Lagervorstand erweiterte. Der etwa 40-jährige Major war ein bildschöner Mann, der ausgezeichnet deutsch sprach. Sein Markenzeichen war eine graumelierte Pelzmütze in Kosakenart, die er zu seiner tadellosen Uniform trug. Eigentlich hatten wir einen Deutschenhasser erwartet, doch wir wurden weder beschimpft noch gedemütigt. Stattdessen konnten wir mit ihm politische Themen diskutieren. Das Thema oder die Frage musste nur über den aus Hamburg stammenden Erzkommunisten Paul Schlösser angemeldet werden. Dann bekam man einen Termin und konnte mit dem Herrn Major diskutieren. Dafür wurde im Büro der deutschen Lagerführung ein separater Raum bereitgestellt. Paul Schlösser war ein lieber, intelligenter Junge, der nach Möglichkeit jedem half, unabhängig von dessen politischer Einstellung. Ich hatte ein sehr gutes Verhältnis zu ihm. Leider war Paul ein kranker Mann. Wegen seiner Dystrophie-Probleme musste er nicht im Schacht arbeiten und im Laufe des Jahres 1947 wurde er vorzeitig aus der Kriegsgefangenschaft entlassen.

Paul Schlösser hatte sich schon in frühester Jugend dem Kommunismus verschrieben. Während der Nazizeit konnte er natürlich nur im Untergrund agieren. Ich lernte ihn erst kennen, nachdem er den Russen bewiesen hatte, dass er einer der Ihren war, das war im Jahr 1946 in Cadik. Paul war damals Mitte 40. Er sprach leidlich russisch und wurde im Lager als Betreuer eingesetzt. Er brauchte nicht im Schacht zu arbeiten. Paul war ein ganz vorzüglicher Kamerad, der sich für sehr viele Gefangene einsetzte. Er war für mich, ebenso wie Hermann Deutsch, ein väterlicher Freund, auf den man in der Not zählen konnte. Paul kehrte als kranker Mann in die Heimat zurück und mir wurde erzählt, dass er kurze Zeit später in Hamburg gestorben sei.

Besondere Erwähnung verdient die Frisörstube, die in einem mehr oder weniger gut geeigneten Verschlag eingerichtet worden war. Die beiden als Frisöre tätigen Landser, die Frohnatur Franz Fischer aus Aachen und Georg Winter aus Kassel, ein älterer, besonnener Typ, waren nicht dazu da, uns zu verschönern, sondern hauptsächlich als Haarentferner, zum Nutzen der Hygiene und zum Erhalt der Gesundheit der Gefangenen. Irgendwann kamen die Russen auf die Idee, dass die deutschen Frisöre eigentlich auch die russischen Damen und Herren frisieren könnten, kostenlos, versteht sich. So wurde in bester Lage, im Parterre des Lazarettgebäudes, auf Befehl des Kommandanten eine neue Frisierstube mit gediegenem Komfort eingerichtet. Die Frisöre erhielten neues Gerät und außerdem kosmetische Artikel, die auf den Basaren der Umgebung beschafft wurden, und bei denen es sich hauptsächlich um Beutegut handelte. Ein reger Betrieb nahm seinen Anfang und auch wir konnten unsere Glatzen in angenehmerer Atmosphäre rasieren lassen. Franz wusste immer das Neueste, verbreitete jedes Gerücht und sorgte für gute Laune. Jedes Mal erzählte er, welche Sorten Kuchen seine Mutter sonntags immer backen würde.

Zusammen mit den anderen wurde ich für den Schacht eingekleidet. Da es auf den Winter zuging, erhielten wir von den Russen die berühmte Kofeiken-Kleidung, herrlich warme, gesteppte Jacken und Hosen, dazu Pelzmützen mit abklappbaren Ohrenschützern, Pelzhandschuhe, Fußlappen und Gummi-Galoschen, die mit Lederriemchen oder Schnur zusammengehalten wurden. Meine erste Schicht im Schacht war eine Spätschicht. Um 14.00 Uhr mussten die Kollegen unter Tage vor dem Stolleneingang abgelöst werden. Dafür mussten wir, 200 Mann, unter strengster Bewachung und nach vorherigem Zählen gegen 12.15 Uhr am Lagertor (Budka) abmarschieren. Je nach Wetterlage waren wir um 13.00 Uhr oder etwas später am Schacht Viktoria. Dort wurden wir noch einmal gezählt, eingeteilt, durch Ernst Renner in deutsch belehrt und mit elektrisch aufgeladenen Grubenlampen englischer Herkunft ausgerüstet. Von oben bis zum Stolleneingang dürften es etwa 1,5 km gewesen sein.

Hintereinander gingen wir die schräge, mit Holzstempeln gesicherte Röhre, den Uklon, entlang. Es war ein unheimlicher Anblick und mir war es ganz schön mulmig zumute. Ich sagte mir jedoch: Karl, das schaffst du schon, nur krank werden darfst du nicht. An uns vorbei rauschten die Kohlepartien, je fünf Waggons, gefüllt mit je einer Tonne geförderter Kohle. Sie hingen an einem fünf Zentimeter dicken Stahlseil und wurden von einem starken Elektromotor, der ebenfalls aus England stammte, hochgezogen. Ich war erschrocken und zugleich beeindruckt – so etwas hatte ich noch nie gesehen.

Seit meiner Gefangennahme hatte ich für meine Umgebung nur wenig Beachtung übrig, der Weg zum Schacht jedoch ist mir im Gedächtnis geblieben. Da waren keine zerstörten Häuser zu sehen, keine kaputten Überlandleitungen. Es war friedlich und ruhig. In der Ferne erkannte man sanfte Hügel, die sich später allerdings als Kohlehalden entpuppen sollten.

Unten auf der Platte (Naplitak) angekommen, wurden wir erneut eingeteilt. Die Platte war der zentrale Platz, den die Waggons aus allen Richtungen passieren mussten. Die Vollen kamen aus dem Schacht und die Leeren von oben. Die Einteilung machte ein deutscher Desatnik (Schichtführer). Sein Name war Robert Wallach aus Gleiwitz, ich hatte ihn im Lager noch nie gesehen. Er und einige Russen hatten sich angewöhnt, deutsche Landser zu schlagen. Ausgangspunkt für die Züchtigungen waren oft Missverständnisse. Zum einen waren die wenigsten Deutschen der russischen Sprache mächtig und zum andern war ihnen die harte Arbeit im Schacht nicht vertraut. So verstanden sie häufig nicht, was sie wie machen sollten. Die Russen gerieten dann leicht in Panik, schließlich musste eine bestimmte Narat (Norm, Fördersoll) erfüllt werden. So kam es, dass sie unsere Leute zusammenschlugen. Viele Landser starben an ihren Verletzungen.

Auch ich hatte in den ersten Tagen einige Schwierigkeiten, die russischen Sprengmeister und Vorarbeiter zu verstehen, fing mir Ohrfeigen und Schläge ein und musste mich als Faschist und Sarrasa (Satan) beschimpfen lassen. Ich habe mich nicht gewehrt, obwohl ich es gekonnt hätte. Andere hat ihr Widerstand das Leben gekostet. Der Hass auf uns war sehr groß. Das lag bestimmt auch daran, dass die Deutschen zahlreiche Schächte unter Wasser gesetzt hatten. Die Russen waren sehr stolz auf ihren Donbass, das größte zusammenhängende Kohlevorkommen der Welt.

Hauptmann Bruhns hatte die russische Führung schon früh auf die Missstände hingewiesen und um Abhilfe gebeten. Nachdem es mehrere Tote gegeben hatte, wurden Ende 1944, Anfang 1945 sämtliche russische Zivilpersonen außer den Sprengmeistern und Natschalniken aus dem Schacht Viktoria abgezogen. Man konnte es sich nicht länger leisten, totgeschlagene Landser zu beerdigen, anstatt ihre Arbeitskraft zu erhalten. Die geförderte Kohle wurde schließlich dringend für die Waffenherstellung benötigt. Zum Oberschichtführer (Starche-Natschalnik) unter Tage wurde Robert Wallach bestimmt, sein Stellvertreter war Schichtführer Willi Hartmann. Über Tage agierten weiterhin Ernst Renner und Hans Wagner als Desatniken und Naratschiks. Nur der Obernatschalnik war ein Russe. Robert Wallach war mit seiner Funktion völlig überfordert – er begann, grundlos Kameraden zu schlagen. Als er gegen mich die Hand erheben wollte, hielt ich seine Arme fest und warnte ihn, er solle nie wieder versuchen, mich zu schlagen. Dies war der Anfang einer Zweckgemeinschaft, die sich noch bewähren sollte.

Inzwischen stand Weihnachten vor der Tür. Es war Winter in Cadik, die Temperaturen sanken auf minus 34 Grad, und das über mehrere Wochen. Ich bin hitzeempfindlich, die Kälte machte mir nichts aus. Nach Schichtende durfte sich jeder von uns ein Stück Kohle unter den Arm klemmen, womit wir die Wohnräume heizen konnten. Die meiste Kohle mussten wir aber im Trockenraum abgeben, der sich im Parterre des Lazarettgebäudes befand. Es war sehr wichtig, bei Arbeitsbeginn wieder trockene Kleidung zu haben. Die Russen hatten hier schon im Sommer einen großen Trockenofen aufgestellt. Die durchnässte Schachtkleidung, Fußlappen und Galoschen wurden an Deckenhaken aufgehängt. Die absoluten Herrscher im Trockenraum waren zwei Ungarn, die sich sehr wichtig vorkamen. Ich hatte mit den beiden einen guten Kontakt und erhoffte mir natürlich einen Vorteil davon. Der Heilige Abend 1944 rückte immer näher. Ich hatte den Jungs auf meiner Bude ein kleines Festessen versprochen. Über Franz Sander organisierte ich aus der Großküche Kartoffeln, amerikanisches Schweineschmalz und Salz. Für Janos im Brotraum war es nicht so leicht ein oder zwei Brote für die Festtage abzuzweigen, er musste höllisch aufpassen, um nicht aufzufallen. Aber dann klappte alles ganz vorzüglich. Die Kartoffeln, etwa 20 Stück mittlerer Grosse, konnte ich in der Glut des Trockenraumofens braten und dann schnell durch die Kälte in unsere Bude schaffen. Die anderen hatten inzwischen Schmalzbrote mit Salz vorbereitet. Zusammen mit den heißen Kartoffeln und süßem Tee war es zwar ein trauriges Weihnachten mit viel Tränen, aber immerhin sind wir alle satt geworden. Weihnachten und Silvester gingen vorüber, ein neues Jahr nahm seinen Anfang. Viele Gedanken wühlten mich auf. Vermutlich hatten meine Angehörigen zu Hause inzwischen erfahren, dass die Krim von den sowjetischen Truppen zurückerobert worden war. Da sie keine Feldpost mehr erhielten – vom Lager aus durfte keiner schreiben – hatten sie keine Ahnung, ob ich noch am Leben war. Es war deprimierend und sehr, sehr traurig.

Im tiefsten Winter war ich sehr froh, im Schacht arbeiten zu können. Unter Tage hatten wir dank der neu installierten englischen

Ventilationsanlage frische Luft und es war angenehm warm. So gut hatten es die Kumpels über Tage nicht.

Meine Aufgabe in der ersten Zeit im Stollen bestand darin, gesprengte oder mit der Kettenfräse losgelöste Kohle in die elektrische Schüttelrutsche zu schaufeln. Der Stollen war nur gut einen Meter hoch und man konnte nur kniend arbeiten. Die Decke aus massivem Gestein musste man nach dem Abbau der Kohle schnellstens mit bereitstehenden Holzstempeln abstützen, damit sie sich nicht löste und uns erschlug. Später wurde die Decke mit Steinen verbaut. Die Abstützspezialisten (Butschiken) lasen die Verbausteine bereits oberhalb der Schüttelrutsche aus dem geschlagenen Material aus. Die nicht ausgelesenen Steine wurden spätestens an der Luke vom Lukawoiy (Lukenmann) entfernt, was übrig blieb war reine Anthrazit-Kohle. Die Arbeit war kraftraubend, ungewohnt und gefährlich.

Die Zeit in der Großküche hatte mir gut getan. Während der ersten Wochen im Schacht hielt ich kräftemäßig ganz gut durch, aber auf Dauer waren Verpflegungsportionen, die aus 600 Gramm schlechten Brots und zwei bis dreimal täglich Kascha oder dünne Suppe bestanden, viel zu dürftig. Es musste zusätzliches Essen her. Ich besprach mich mit Willi Hartmann und den anderen. Der Verkauf von Fransentabak, Machorka-Rationen sowie von Waffenröcken und -hosen aus ehemaligen deutschen Wehrmachtsbeständen an die unter und über Tage arbeitenden Russen bescherte uns literweise Sonnenblumenöl, Mehl, Brot und Plinzen (Fladen). Unsere russischen Aufseher störte das nicht, im Gegenteil, sie waren ganz scharf auf unsere Sachen. Ich schaffte es sogar, nach der normalen, zugeteilten Mahlzeit noch einen halben russischen Barras und einen viertel Liter Semitschki-Masslo (Sonnenblumenöl) auf einen Schlag wegzuputzen, ohne Durchfall zu bekommen. Einige Kumpels versuchten es auch, allerdings vertrugen es nicht alle. Ich ließ weiterhin meine Beziehungen spielen. Auch über Franz Sandner kam man gelegentlich an zusätzliche Verpflegung. Einmal konnte ich heimlich einen Eimer süßes Graupenkascha am Hintereingang der Großküche abholen. Dank Heinz Gries und Janos gelang es uns auch ab und zu, einen Laib Brot zu organisieren. Es war jedes Mal eine große Freude. Bei Dunkelheit schmuggelten wir die Sachen auf unsere Bude und verteilten sie gerecht.

Nur durch diese Zusatzverpflegung konnten wir uns so lange über Wasser halten und den von der Schachtleitung geforderten Narat (Fördersoll) erfüllen. Häufig brachen Kameraden, denen es nicht gelang, sich Zusatznahrung zu beschaffen, vor Schwäche zusammen. Sie kamen dann ins Lazarett, wurden leidlich wieder hochgepäppelt und schnell wieder eingesetzt, über Tage, meist außerhalb des Lagers, in den Wäldern oder auf dem Bau. Viele der über Tage im Freien arbeitenden Kriegsgefangenen, deutsche und ungarische Landser, erkrankten an Ruhr, Fleckfieber, Lungenentzündung und Dystrophie. Weil es zu wenige Medikamente gab, kamen im Winter 44/45 mehr als 300 deutsche und etwa 70 ungarische Gefangene ums Leben. Wer nachts verstarb, war oft so steif gefroren, dass man ihn nicht mehr aus dem Schlafsaal über die steile Treppe heruntertragen konnte. Er wurde dann gleitend herabgelassen, auf bereitstehende Schlitten gelegt und vor das Lager gebracht. Die Leichen wurden in einem riesigen Massengrab, das schon Wochen vorher von unseren Leuten ausgehoben worden war, ohne Trauerfeier bestattet.

Ob die vielen toten Lander von den Russen namentlich erfasst wurden und ob der deutschen Lagerleitung Namenslisten, Identitätsnachweise und Daten zur Verfügung gestellt wurden, damit man die Angehörigen in Deutschland über den Zeitpunkt des Ablebens und den Standort der Gräber benachrichtigen konnte, weiß ich nicht. Übrig blieb das Massengrab der unbekannten deutschen und ungarischen Soldaten vor dem Kriegsgefangenenlager in Cadik.

Nach Beendigung des Krieges fanden gelegentlich Krankentransporte statt, doch nur wenige hatten das Glück, nach Hause geschickt zu werden. Und auch auf dem Heimweg sind angeblich noch viele Landser gestorben.

Dadurch, dass die Russen die Bildung von Gruppen strengstens untersagten, bestand zu Beginn der Gefangenschaft keine Möglichkeit, einen größeren Bekanntenkreis zu bilden. Ich kann mich heute an keinen einzigen der Toten mehr erinnern! Mein Umgang während dieser Zeit beschränkte sich auf die genannten Namen. Es war eine sehr traurige Zeit und das Ableben der vielen Kameraden deprimierte uns sehr.

Im Schacht, auf der Strecke war allerhand los. Auf der Weiche mussten immer genügend Leerwaggons zur Verfügung stehen. Eine Partie bestand aus fünf Waggons mit einem Füllgewicht von einer Tonne pro Waggon. Die Schüttelrutsche arbeitete nur, wenn Waggons bereitstanden. Verantwortlich für den Ablauf an der Luke war der Lukawoiy und seine Waggon-Schieber. Der Lukawoiy schaltete den Strom und beobachtete die Füllung des Waggons. Die Waggonschieber hatten die Aufgabe, blitzschnell die leeren Waggons unter die Luke zu schieben und die vollen ebenso schnell auf einem Nebengleis der Strecke zu sammeln. Wenn genügend Kohle im Stollen war, waren fünf Waggons im Nu gefüllt. Nach Abschaltung der Rutsche musste man so lange warten, bis die nächsten Leerwaggons herangeschoben waren. Schließlich war die Strecke bis zum Nablitak über tausend Meter lang. Andererseits mussten die vollen Waggons auf der eingleisigen Strecke schnellstens zur Platte geschoben und nach oben gezogen werden. Später, im nächsten Lager, erhielten wir elektrische Grubenloks englischer Herkunft, die von Russinnen gefahren wurden. Ob voll oder leer, die Waggonschieberei war eine mühselige Arbeit, die die betroffenen Landser auf Dauer kaputt machte.

Jeden Tag und immer wieder versuchen wir, uns mit zusätzlichen Lebensmitteln bei Kräften zu halten und, was besonders wichtig war, Hygiene und Sauberkeit zu praktizieren sowie das größte Laster in der Gefangenschaft, das Rauchen sein zu lassen. Wenn ich nachts vor lauter Müdigkeit noch zum Träumen kam, erschienen mir die heimatlichen Gefilde und alle meine Angehörigen zum Greifen nah. Nach dem Erwachen war alles nur Illusion. Dann hatte ich immer die Ahnung, dass die Zeit unter Zwang in dieser Unwirtlichkeit noch länger andauern würde. Die Hoffnung, die Heimat wiederzusehen, gab ich aber nie auf.

Apropos Hygiene: Zur Zahn- und Mundpflege benötigt man Zahnbürste, Zahnpasta und einen Becher. Solche Artikel besaß keiner von uns. Eine Spülung mit kaltem und manchmal auch mit warmem Wasser war möglich. Von Geburt an hatte ich schon schlechte Zähne. Bei einer Schulschlägerei wurden mir im Alter von 14 Jahren die beiden vorderen Schneidezähne ausgeschlagen. Als Ersatz bekam ich seinerzeit zwei Stiftzähne, die mir gleich zu Beginn der Gefangenschaft ausgefallen sind. Wie ich aussah, kann sich jeder vorstellen. Dann fingen die übrigen Zähne an zu faulen. Eine Behandlung war nicht möglich, Zahnärzte gab es keine, Schmerztabletten auch nicht. Man musste mit den Schmerzen leben. Lockere Zähne wurden einfach herausgerissen, ohne Narkose. Irgendein beherzter Kumpel fand sich immer, der diese Dienstleistung übernahm.

Da man uns die Uhren abgenommen hatte, verloren wir in der Gefangenschaft jegliches Zeitgefühl. An welchem Tag wir lebten, sagte uns niemand. Monat und Jahr erfuhren wir beim täglichen Appell und die genaue Zeit durch die Antreiber beim Abmarsch zum Schacht. Die Wachen nach der Wremnia (Uhrzeit) zu fragen, war vergebliche Mühe, man erntete nur das obligatorische njet. Wir sollten unsere Arbeit machen, die Zeit ging uns nichts an. Später im Schacht habe ich eine Technik entwickelt, mit der ich das Eintreffen der Schichtablösung ziemlich genau abschätzen konnte. Wenn die Ablösung, deren Grubenlampen man schon aus großer Entfernung sehen konnte, näher kam, wurden Wetten abgeschlossen, wann sie wohl bei uns eintreffen würde. Meist gelang es mir, die Zeit auf 10 Minuten genau vorherzusagen, was ohne Uhr gar nicht so einfach ist, und ich konnte manchen Gewinn einstreichen, zahlbar in Naturalien.

In allen Schächten der Ukraine wurde rund um die Uhr gearbeitet. Die 24 Stunden des Tages waren in drei Arbeitsschichten aufgeteilt, und zwar in die Frühschicht von 7.00 bis 15.00 Uhr, die Spätschicht von 15.00 bis 23.00 Uhr und Nachtschicht von 23.00 bis 7.00 Uhr. Arbeitsfreie oder Feiertage gab es nicht, es wurde durchgearbeitet. Der Wechsel der Schichten fand jede Woche statt. Die Frühschicht wurde dann zur Nachtschicht, die Spätschicht zur Frühschicht und die Nachtschicht zur Spätschicht. Schichtwechsel bedeutete also immer, dass die Arbeitspause von 16 auf 8 Stunden verkürzt wurde. Obwohl wir uns schnell an diesen Turnus gewöhnt hatten, waren wir immer müde, hungrig und kaputt.

Die Sicherheitsverhältnisse unter Tage ließen immer noch zu wünschen übrig. Zur Beseitigung der von der deutschen Wehrmacht verursachten Schäden erhielten die Russen Unterstützung aus England. Eine beträchtliche Anzahl britischer Zechen-Spezialisten sorgte dafür, dass die ukrainischen Schächte wieder in Betrieb genommen werden konnten. Die Russen hatten die neue Technik jedoch auch nicht völlig im Griff, und als die Engländer wieder weg waren, mussten sie sich nach anderer Hilfe umsehen. Die fanden sie in Person zweier deutscher Gefangener, die sich als Ingenieure ausgaben, Nolte und Heinzelmann. Beide sprachen gut russisch und die Russen waren von ihrem Können beeindruckt. Sie waren Freigänger und genossen absolute Narrenfreiheit. Jedes Mal, wenn es wieder einen Stromausfall im Schacht gab, mussten Nolte und Heinzelmann antanzen und versuchen, die maroden Anlagen zu reparieren, was ihnen durchaus nicht immer gelang. Die angeblichen Ingenieure waren übrigens eher unsympathische, hochnäsige Zeitgenossen und man erzählte sich, sie seien Mitglieder der ehemaligen Nazi-Organisation Todt gewesen.

Im Frühjahr 1945 verbesserte sich die Verpflegungssituation allmählich und die Anzahl der Todesfälle ging zurück. Es gab sowohl zusätzlichen Speck als auch mehr Brot. Untertagearbeiter im Stollen erhielten 50 Gramm Speck, Streckenarbeiter und Waggonschieber 30 Gramm pro Tag. Die Brotration wurde auf 800 Gramm erhöht und auch die Qualität verbesserte sich, es war nicht mehr ganz so nass wie früher. Außerdem bestand immer die Möglichkeit, sich zusätzliches Brot durch Tauschgeschäfte zu beschaffen.

Die gut gemeinte Zusatzration Speck verursachte bei vielen Landsern Durchfall, auch ich litt darunter. Im Lazarett gab es kleine Mengen Kohletabletten, die man uns gab, solange der Vorrat reichte. Das half, wenigstens vorläufig. Leider kam es immer wieder vor, dass ich auf dem Weg vom Schacht zum Lager den Stuhl nicht mehr halten konnte. Der ungarische Arzt, der mich untersuchte, stellte fest, dass ich unbedingt eine Bauchbinde oder, noch besser, ein Katzenfell brauchte, um die Därme warm zu halten, und so meine Darmbeschwerden in den Griff zu bekommen. Es gelang mir tatsächlich, über Heinz Gries und den amtierenden Lagerschneidermeister Ludger Himmelreich gegen Bezahlung in Naturalien ein Katzenfell zu organisieren. Himmelreich war übrigens ein eingebildeter Affe, der aus grünen, blauen, grauen und braunen Stoffballen des Offizierskorps der ehemaligen deutschen Wehrmacht den russischen Offizieren und Kommandeusen Zivilanzüge und Kostüme schneiderte. Das Katzenfell begleitete mich während der gesamten Gefangenschaft, es hat mir sehr geholfen.

Anfang Mai 1945 war der Krieg endlich zu Ende. Die Russen feierten überschwänglich ihren Sieg, indem sie unheimlicher

Massen Capusta und Borschtsch verzehrten und jede Menge Wodka tranken. Außerdem wurden bei Tag und Nacht Freudenschüsse abgegeben. Sie hörten überhaupt nicht mehr auf und wir befürchteten, vergessen zu werden. Wir erhofften uns echte Erleichterungen, jetzt, wo der Krieg vorbei war, und rechneten damit, in absehbarer Zeit nach Hause entlassen zu werden. Doch wir hatten uns gründlich verrechnet. Lediglich die kranken Landser hatten das Glück, mit einem Sammeltransport in die Heimat zurückzukommen. Wir anderen mussten weiterhin schwer arbeiten. Die Russen brauchten uns zum Kohlefördern, denn es waren erst wenige russische Männer nach Hause zurückgekehrt. Um Aufstände zu verhindern und uns die Gefangenschaft weiterhin erträglicher zu machen, wurde die Verpflegung verbessert. Neue, saubere Zivilkleidung und Unterwäsche wurden ausgegeben. Zum Sommer hin erhielten wir sogar weiße Drillich-Hosen und Jacken bester Qualität für den Schacht. Weiß der Teufel, wo die Russen diese echt guten Klamotten auf einmal hergezaubert hatten. Der Sommer verging ohne nennenswerte Vorkommnisse, aber Hunger hatten wir nach wie vor. Unsere Fragen nach baldiger Entlassung beantworteten die Russen mit dem üblichen „Skoro Damoy“ (bald nach Hause). Parolen um Parolen schwirrten ständig durch das Lager. Wir wurden noch verrückt zwischen Hoffnung und Verzweiflung.

Man fing an, darüber nachzudenken wie man sich befreien, wie man diesem Joch entrinnen könnte. Es müsste doch eine Möglichkeit geben? Ich zermarterte mir das Gehirn und konnte meine Ideen nicht einmal mit jemandem teilen. Wenn es rauskam, dass man eine Flucht plante, drohte unweigerlich die Exekution. Dabei hatte eine solche Aktion nur dann Aussicht auf Erfolg, wenn mehrere beteiligt wären und wenigstens einer musste perfekt russisch sprechen! Langer Rede kurzer Sinn, es war ein hoffnungsloses Unterfangen. Zwei unserer Kameraden versuchten die Flucht. Die Russen erwähnten nichts davon. Eine Woche später wurden alle im Lager anwesenden Landser am

Abend eines heißen Sommertages auf den Lagerhof zum Appell zusammengetrommelt. Was war passiert? Lagerpaul hielt eine kurze Vorrede in Deutsch und musste dann die Ausführungen des russischen Lagerkommandanten übersetzen. Dann öffnete sich das Haupttor. Vier russische Soldaten schleppten zwei erschossene deutsche Kriegsgefangene in ihren blutverschmierten weißen Drillich-Anzügen herein. Sie hingen an Stangen wie erlegte Tiger oder Bären. Damit es jeder genau sehen konnte, wurden sie in die Mitte des Appell-Platzes zur Schau gestellt. Die Russen ersparten uns den Hinweis nicht, dass jedem Flüchtigen dasselbe Schicksal drohte. Aus dem Lager Cadik floh danach kein Kriegsgefangener mehr.

Zwischendurch arbeitete ich auch einmal in dem tausend Meter tiefen Schacht 14, dessen Stollen nur 80 cm hoch waren. Das dauerte Gott sei Dank nur einige Tage und ich durfte nach Viktoria zurückkehren. Vorübergehend wurde ich auch als Butschik eingesetzt und ins abgebaute Flöz befohlen, um die Stollen abzustützen. Hier arbeitete ich mit Karl Dörr zusammen, sitzend. Die Butschik-Arbeit war nicht ungefährlich. Alles musste sehr schnell geschehen, da der abgebaute Stollenabschnitt durch den Druck des Berges innerhalb von Sekunden verschüttet werden konnte. Die kniende und sitzende Arbeit in den niedrigen Stollen bereitete mir echte Probleme. Meine Knie hatten sich entzündet, sie eiterten und ich hatte erhebliche Schmerzen. Ab und zu trat zwar eine Besserung ein, aber dann wurde es auch wieder schlimmer. Medikamente gab es keine und krankfeiern wollte ich deswegen auch nicht. Erst im nächsten Lager konnte ich mich der notwendigen Operation unterziehen. Immerhin teilte mich Willi Hartmann dann auf der Strecke als Lukawoiy ein, als Kohlenwaggonfüller an der Schüttelrutsche, zusammen mit anderen Landsern, die die leeren Waggons heranschoben und die gefüllten wieder wegzogen. So kam ich endlich zu meinem gewünschten Stammplatz und wusste in der nächsten Zeit, wo ich hingehörte.

Als Weihnachten 1945 vor der Tür stand, wohnte ich nach wie vor mit Willi Hartmann, Willi Christmann und den anderen auf der Bude. Nach mehr als einem Jahr Gefangenschaft hatten sich verschiedene Grüppchen gebildet und man war vorwiegend mit den Leuten der eigenen Clique zusammen. Wir hatten alle einen festen Arbeitsplatz und verfügten über etwas Geld. Durch Tausch oder durch kleine Nebengeschäfte versuchten wir immer noch, an zusätzliche Lebensmittel heranzukommen.

Die Weihnachtsfeiertage und der Jahreswechsel 45/46 verliefen den Umständen entsprechend eher ernst als fröhlich. Wenigstens konnten wir uns satt essen. Alkohol war für uns tabu, das heißt, man durfte sich nicht erwischen lassen. Das Jahr 1946 begann mit sibirischer Kälte und wir waren froh und glücklich in den warmen Schacht eintauchen zu können. Die zeitlose Zeit war dann auch bald vorüber, denn die Russen verteilten deutsche und Schweizer Armbanduhren aus Beutebeständen, jedoch nur an die deutsche Lagerführung. Über die Wochentage und bevorstehende Feiertage wurden wir dann ebenso täglich informiert, wie über die Ab- und Anmarschzeiten zur Schichtablösung. Eigene Uhren hatten wir keine.

Unser Budenmitstreiter Willi Christmann war gelernter Metzger – er verstand es immer wieder, leckere Speisen auf den Tisch zu bringen. Bei uns wurde also nicht nur geschlafen sondern auch gekocht, mal war es ein Kaninchen, mal ein Huhn. Willi sammelte unsere Abfälle und fütterte damit die außerhalb des Lagers streunenden Hunde in der Hoffnung, eines Tages einen zu erwischen und uns als Kalbfleisch vorzusetzen. Willi schaffte es tatsächlich, ein, wie er versicherte, junges Tier zu fangen. Und die Suppe mit Einlage, die er daraus in einem großen Topf zubereitete, schmeckte wirklich vorzüglich. Ich hätte nie gedacht, einmal Hundefleisch essen zu müssen. Willy war immer wieder für eine lukullische Überraschung gut und so ließ die nächste Zusatzverpflegung nicht lange auf sich warten.

Das Schacht- und Lagerleben nahm auch 1946 seinen monotonen Fortgang. Im Oktober 1946 durften wir das erste Mal auf sogenannten Briefkarten, die von den Russen an jeden Einzelnen von uns verteilt wurden, mit fünf oder sechs vorgeschriebenen Sätzen unsere Angehörigen informieren, dass wir noch am Leben sind. Vier Wochen später erhielt ich von Mutter einen ausführlichen Brief. Sie schilderte mir alles, was ab Mai 1944 passiert war und vor allem, wie sich alle, meine Eltern, mein Bruder und die anderen Verwandten gefreut haben, endlich ein Lebenszeichen von mir in Händen zu halten und wie sehr sie hofften, dass ich möglichst bald nach Hause kommen würde.

Ich erfuhr, dass mein Bruder Willy in englische Kriegsgefangenschaft geraten, aber bereits nach Hause entlassen worden war. Außerdem war in den letzten Kriegstagen durch amerikanische Brandbomben unser städtisches Einfamilienhäuschen in Frankfurt in Brand geraten. Es konnte jedoch schnell gelöscht und mithilfe der Nachbarn auch wieder aufgebaut werden. Ferner hatte Papa die Firma Bosch, die inzwischen von den Amerikanern besetzt war, verlassen und sich im Mai 1946 selbstständig gemacht. Ich sollte also machen, dass ich heimkäme, das Büro würde auf mich warten. Wie war ich glücklich! Der Brief gab mir die Kraft, weiter durchzuhalten. Ich glaubte immer noch ganz fest an eine gesunde Heimkehr. Damit ja kein Heimweh aufkommen konnte, stürzte ich mich voller Elan in die Arbeit.

Auf Schacht Viktoria lief nicht immer alles so, wie es sich die russische Schachtleitung vorgestellt hatte. Einerseits sollte laufend die Förderung gesteigert werden, was auch der Fall war, andererseits beklagten sich die Herren Ingenieure aus Deutschland über den zunehmenden Verschleiß an Streckenschienen, Zugseilen und anderen Einrichtungen. Auch die Ventilation zur Belüftung der Stollen und Strecken ließ, wegen der häufigen Stromausfälle, immer mehr zu wünschen übrig. Es kam, wie es kommen musste. Bei Schichtende stand ich mit Robert Wallach,

Willi Hartmann, Willi Becker, Wolfgang von Grawert und anderen auf Nablitak (Waggonstahlwendeplatte). Gerade wurde die letzte Partie (fünf beladene Kohlenwaggons) hochgezogen. Wir begannen den Ausstieg durch den Uklon zum Tageslicht und sahen die Partie noch etwa 400 Meter vor dem Erreichen des Obertages. Dann: ein ohrenbetäubender Knall. Das Seil war gerissen, die Partie kam zurück. Wir rannten zur Platte und beobachteten, was geschah. Die fünf Waggons wurden immer schneller, entgleisten, verloren die Ladung und rissen auf einer Länge von fast hundert Metern sämtliche Uklon-Holzverstrebungen mit sich in die Tiefe. Dann war plötzlich alles still – sekundenlang regte sie nichts mehr. Mit einem ohrenbetäubendem Geräusch stürzten plötzlich die freihängenden Felsplatten auf der ganzen Länge ab, begruben die losgerissenen Holzstempel unter sich und versperrten uns den Rückweg nach oben.

Wir näherten wir uns der Unglücksstelle, leuchteten mit unseren primitiven Ölgrubenlampen Boden, Decken und Wände ab und begannen mit den Aufräumarbeiten. Dabei mussten wir ständig mit weiteren Steinschlägen rechnen. Es war höchste Vorsicht geboten. Heinz Becker und ich arbeiteten Hand in Hand. Wir versuchten, die schweren Holzstämme von den Schienen zu räumen. Dann begann es aus der Decke zu rieseln, worauf sich eine Steinplatte löste und uns verschüttete. Gott sei Dank konnten wir uns noch schnell zwischen die Stämme werfen. Trotzdem waren die Schmerzen höllisch. Wir waren beide eingeklemmt, doch die Köpfe waren frei und wir waren nicht ernstlich verletzt. Die Kameraden konnten uns schließlich bergen und auf Bahren ins Lazarett tragen. Dort stellte der leitende Arzt, Dr. Janos Nagy, bei mir eine beiderseitige schwere Hüftprellung fest. Kamerad Becker hatte Beinverletzung erlitten. Ich verbrachte über vier Wochen im Lazarett. Der ungarische Arzt, der übrigens perfekt deutsch sprach, schrieb mich vorerst nicht gesund. Obwohl alle zwei bis drei Tage die russische Ärztekommission das Lazarett inspizierte, um möglichst viel Landser wieder in den Schacht zu stecken, ließ sich unser Chefarzt nicht beirren. Wir blieben weiterhin krankgeschrieben.

Ich erholte mich gut und fand Gefallen an dem Gedanken, möglichst nicht mehr in den Schacht einfahren zu müssen. Wir erhielten Diät-Verpflegung, verschiedene Sorten Brei, amerikanisches Weißbrot, Schweinefett, salzige amerikanische Butter sowie amerikanische Wurst- und Fleischkonserven. Was vollkommen fehlte, war frisches Obst und Gemüse! Das Essen war in Ordnung, nahrhafter und besser als in der Großküche, aber richtig satt wurden wir trotzdem nie.

Der ungarische Arzt kümmerte sich täglich um uns. Beim Eintreten fragte er immer „segret de rönndösch" (haben sie normalen Stuhlgang?) Die Frage machte uns viel Spaß. Außerdem erkundigte er sich bei jedem über die familiären Verhältnisse in der Heimat. Er war ein feiner und aufrichtiger Zeitgenosse und er genoss sogar bei den Russen hohes Ansehen. Allerdings war er ebenso Kriegsgefangener wie wir anderen.

Im Lazarett hatte ich viel Zeit nachzudenken und dabei kam mir eine fantastische Idee! Ich hatte dem Arzt irgendwann ganz beiläufig erzählt, dass ich in den ersten Monaten der Gefangenschaft hier in Cadik in der großen Küche gearbeitet hatte. Dabei kamen wir auf die Lazarett-Verpflegung zu sprechen und er stellte fest, dass die Diätküche täglich schlechter werde, dabei stünden dem Koch die besten Zutaten zur Verfügung. Ich witterte Morgenluft und fragte den Doktor, ob er mich in die Lazarettküche, die gleichzeitig die Diätküche war, einschleusen könnte. Ich versprach ihm mein Bestes zu geben und nach wenigen Tagen trat ich dort als zweiter Koch meinen Dienst an.

Die kleine Küche wurde von Fritz Müller aus Dortmund geleitet, gelernter Bäcker und ein ekelhafter Kerl. Er war etwa 45 Jahre alt, verheiratet und hatte einen Stall voll Kinder zu Hause. Auf

Vorschlag des Doktors wurden ihm die fast genesenen Kumpel überstellt, die in der Regel von der Küchenarbeit keine Ahnung hatten. Innerhalb weniger Tage schaffte es Müller, die abkommandierten Kameraden aus der Diätküche hinauszuekeln. Seiner Meinung nach wollten die sich ja nur sattfressen und sich vor der Arbeit drücken. Diese Tour konnte er sich erlauben, weil er das Vertrauen des „kleinen russischen Kommissions-Arztes" Dr. Pavel Sokolow besaß, der auch nur daran interessiert war, die genesenen Landser so schnell wie möglich wieder in den Schacht zu schicken. Damit hoffte er, bei seiner übergeordneten Oberstabsärztin Professor Dr. Luba Kalinowa, einer sehr schönen und klugen Frau Mitte Dreißig, Eindruck zu schinden. Als ich Müller sah, schwante mir nichts Gutes. Wir kannten uns bereits aus der Großküche. Ich merkte schnell, dass Müller kein Koch war und nie einer werden würde. Ich selbst war zwar auch kein gelernter Koch und habe mich auch nie dafür ausgegeben. Allerdings hatte ich bei meiner Mutter, die eine hervorragende Köchin war, immer in die Töpfe geguckt und dabei viel übers Kochen gelernt. Dieses Wissen kam mir jetzt sehr gelegen. Zum Ärger von Fritz Müller steigerte ich meine Kochkünste so weit, dass Dr. Sokolow meine Probe-Speisen höher einschätzte, als die von Müller. Die Proben mussten täglich bis 6 Uhr morgens in speziellen Glasgefäßen zur Kontrolle durch die Ärzte aufbewahrt werden. Mit dieser Situation konfrontiert, versuchte Müller mich mit allen Mitteln mich aus dem Job zu vertreiben – zum Glück ohne Erfolg. Mit der Unterstützung des ungarischen und des russischen Arztes bekam ich sogar meinen eigenen Schlafraum, konnte jederzeit duschen und hatte immer saubere Kleidung und Wäsche. Ich steigerte mein Geschick bei der Zubereitung von Reis- und Griesbrei, Diätsuppen, Pürees, Saucen und Kaschas so weit, dass die Russen aus der Buttka-Wache kamen, wenn ich Nachtdienst hatte, um meine Speisen „per proba" zu verkosten. Fritz Müller musste mich also weiterhin dulden. Immerhin konnte er hoffen, mich bald wieder in den Schacht einfahren zu sehen. Meinen Freund Heinz Gries, der zu dieser

Zeit ein bedauernswerter Schachter war, konnte ich großzügig unterstützen, hauptsächlich während meiner Nachtschichten. Ich wusste, dass ich mich auf Dauer in der Lazarettküche nicht würde halten können, da ich wegen des guten Essens langsam wieder fett wurde. Ich wartete nur drauf, bei irgendeiner Kommission als überkräftig und schachtfähig aufzufallen. Auch mein Gönner, der ungarische Arzt, erklärte, dass er mich auf Dauer leider nicht in der Diätküche würde beschäftigen können.

Im März 1947 war es dann soweit. Die einberufene russische Ärzte-Kommission kam ins Lazarett und auch ich wurde zur Untersuchung befohlen. Man benötigte wieder Nachschub für den Schacht. Die Leitung der Kommission lag diesmal in Händen der schönen Professorin. Man musste sich ausziehen und als man nackt dastand, musste jeder seinen Vor- und Zunamen und das Geburtsdatum angeben, auf russisch. Die Ärztin befühlte jeden von uns an Armen, Beinen und besonders den Po-Backen. Danach entschied Frau Doktor „Dalche bolnoij“ (weiterhin krank) oder „Dawei du schachtu“ (ab in den Schacht). Ich war wieder fit für den Schacht und so endete meine Küchentätigkeit nach dreieinhalb Monaten. Einerseits war ich froh, wieder bei meinen Kameraden zu sein, andererseits vermisste ich natürlich die guten Speisen der Diätküche.

Nach einigen Wochen im Schacht – ich hatte mich schon wieder an das schmutzige Leben gewöhnt – wurde mir bewusst, dass sich die Verpflegungssituation für die Kumpels nicht wirklich gebessert hatte. Man musste immer noch sehen, dass man an zusätzliche Nahrung herankam. Sollte ich alte Verbindungen wieder aufleben lassen? Obwohl mir Fritz, der Ekelhafte, beim Weggang angeboten hatte, mir im Notfall zu helfen, verzichtete ich dankend. Lieber hätte ich mir in den Allerwertesten gebissen, als von dem etwas anzunehmen. Soweit sie konnten, unterstützten meine Stubengenossen in dieser Zeit mich, sodass ich einigermaßen über die Runden kam. Ende 1947 hörte ich, dass Meisterkoch Fritz Müller vorzeitig nach Hause hatte fahren dürfen.

Ab dem Frühjahr 1947 wurde es uns erlaubt, Musik zu machen. Bis dahin hatten die Russen immer alle unsere Anträge abgelehnt. Die Gründung eines Orchesters verdankten wir schließlich Heinz Brenda, einem talentierten Musiker aus Hannover, der auch mit ungeheurem Organisationstalent gesegnet war. Nun galt es, Musiker zu finden und Instrumente zu beschaffen. Ich hätte mich auch melden können, hatte ich doch sieben Jahre Klavierunterricht genossen. Ein Schlagzeug wurde organisiert, ein Schlagbass, zwei Trompeten, zwei Gitarren, zwei Klarinetten, eine Posaune, eine Tuba und zuletzt eine Balalaika. Ein Piano war nicht dabei. Die Spieler waren auch schnell gefunden, hauptsächlich Deutsche, aber auch einige Ungarn. Man beschaffte Notenpapier und schrieb Musikstücke darauf. Es wurde geübt und geprobt. Die kleine Kapelle ließ sich gut an. Der große Moment war dann das Eröffnungskonzert im Speisesaal. Die gesamte russische Lagerprominenz mit ihren Damen und alle dienstfreien Gefangenen waren anwesend. Heinz Brenda hielt eine kurze Ansprache auf Russisch und Deutsch, worin er sich für die Unterstützung durch die Obrigkeit bedankte. Die Russen waren begeistert, zumal Brenda als erstes Musikstück einen russischen Tango mit dem Titel „Serce“ (das Herz) ausgewählt hatte. Es war ein ergreifendes Erlebnis, nach so langer Zeit wieder Musik zu hören. Alle spendeten langanhaltenden Applaus. Anschließend hörten wir deutsche und ungarische Stücke wie Csardas und Walzer. Den Tango musste Brenda mehrere Male wiederholen, Bänke wurden zur Seite gestellt und die Russen fingen an zu tanzen, paarweise aber auch solo. Brenda wurde in der Folge von der Schachtarbeit freigestellt, damit er sich zu 100% dem Aufbau der Kapelle widmen konnte. Unser Lagerorchester hatte großen Erfolg und es wurde ständig erweitert. Zur Freude der Russen studierte Brenda viele russische Musikstücke ein. Sogar aus anderen Lagern kam die Russen-Prominenz zu unseren Konzerten. Die Kapelle trug wesentlich dazu bei, unser eintöniges Leben erträglicher zu machen, die Heimat konnte sie uns freilich nicht ersetzen.

Unsere Kapelle wurde prominent und salonfähig. Dann geschah etwas Unglaubliches. In 7 Kilometer Entfernung von uns befand sich ein Kriegsgefangenenlager volksdeutscher Frauen aus Siebenbürgen und dem Banat. Diese bedauernswerten Geschöpfe waren beim Einmarsch der Roten Armee (Krasny Army) in Rumänien in Gefangenschaft geraten. Sie wurden in die Ukraine transportiert um im größten Kohlengebiet der Welt, dem „Don Bass" Kohle für die Russen zu fördern. Die Frauen erfuhren von unserer Kapelle und wollten mit uns einen Tanzabend veranstalten. Das war gar nicht so einfach. Der Heinz Brenda nahm das in die Hand und erreichte, was niemand für möglich gehalten hatte. Eine ausgesuchte Anzahl von etwa 25 bis 30 junger deutscher Frauen im Alter zwischen 25 und 30 Jahren, in Begleitung von russischen Aufpassern, durfte in unserem Lager als Gäste eines Tanzabends erscheinen. Voraussetzung war: Für Essen und Trinken zu sorgen und kein Alkohol.

Dieser Abend wurde ein voller Erfolg. Ich selbst, kein schlechter Tänzer, amüsierte mich köstlich, zumal man die Möglichkeit hatte verschiedene Tänzerinnen zu bitten. Bei dieser Gelegenheit lernte ich die 28jährige Sara aus Hermannstadt in Siebenbürgen kennen. Sie war nicht verheiratet und arbeitete als Waggonschieberin im Schacht. Sie war intelligent, allerdings keine Schönheit, aber tanzen konnte sie sehr gut. Wir haben uns noch zweimal gesehen. Die Sache verlief harmonisch und platonisch. Später haben die Russen jegliche Zusammenkünfte verboten. Es gab auch keine Tanzabende mehr. Einige Bilder dieser Begegnung befinden sich in meinem Besitz. Sara und ihre Kameradinnen wurden wie wir 1949 in die Heimat entlassen. Sie hat mir nach der Heimkehr einen Brief geschrieben, der verloren ging. Ich habe geantwortet und dann nichts mehr gehört. Doch die Erinnerung blieb.

Im Spätsommer 1947 hieß es, die Ungarn dürften nach Hause fahren. Im Rahmen der Zusammenlegung verschiedener Lager in unserer Region wurde Cadik aufgelöst und wir zogen ins etwa 70 km entfernte Bergwerksstädtchen Colodno Balka, nahe der Kreisstadt Markievka, um. Und tatsächlich: Die ungefähr 200 im Lager befindlichen Ungarn wurden zu deren großer Freude und zu unserem Leidwesen in die Heimat entlassen. Für mich und auch etliche andere Kameraden war es ein tränenreicher Abschied. Man hatte sich schließlich aneinander gewöhnt.

Colodno Balka

Mit unseren wenigen Habseligkeiten wurden wir auf Lkws zu unserem neuen Standort transportiert, den wir spätabends erreichten. Natürlich waren wir im neuen Lager nicht allein.

Es war von etwa 250 Rumänen bewohnt, die uns zu ihren Untertanen machen wollten. Der Lagerführer, ein ziemlich junger Mann namens Colja Radunescu, meldete seine Ansprüche auf die Lagerherrschaft an. Da wir 850 deutsche Landser deutlich in der Überzahl waren, machten unser Sprecher Fritz Schneider ebenfalls ihre Ansprüche geltend. In die Verhandlungen schaltete sich bald der russische Lagerkommandant Kapitan-Natschalnik Igor Stichenko ein. Er ermahnte die beiden Parteien zur Vernunft, griff aber sonst nicht in den Konflikt ein.

Die Situation war für uns vollkommen neu und wir mussten uns erst daran gewöhnen. Die Rumänen hatten überall das Sagen, auch im Schacht, und so wurden die meisten von uns auf rumänische Brigaden verteilt. Ich selbst konnte wieder als Lukawoiy in einer Nachtschicht arbeiten. Bei dieser Arbeit machte mir so leicht keiner etwas vor, was die Rumänen recht schnell merkten. Mit akkurater und gewissenhafter Arbeit erwarb ich mir nach und nach die Wertschätzung der Rumänen. Sie fragten mich sogar, ob ich nicht vom deutschen Quartier in deren Brigadier-Unterkunft umziehen wollte. Aber soweit ging die Freundschaft doch nicht. Ich blieb meinen Landsleuten selbstverständlich treu.

Im Februar 1948 gab es in der Sowjetunion eine Währungsreform. Statt 60-70 Rubel für ein Kastenbrot zahlten wir danach nur noch 5-6 neue Rubel für einen Barras. Damals verdiente man im Schacht etwa 1800 alte Rubel im Monat. Das war für uns ein schöner Batzen Geld, der es uns erlaubte zusätzliche Lebensmittel, Kleidung oder sonstige Gebrauchsgegenstände zu kaufen. Die finanzielle Situation wurde sogar noch besser, als unser alter

Naratschik Hans Wagner die Verhandlungen mit der russischen Lagerleitung übernahm. Er sprach perfekt russisch, hatte von Anfang an einen sehr guten Kontakt zu Kapitano Stichenko und handelte wie ein Gewerkschafter die Löhne für uns aus, wovon nebenbei auch die Rumänen profitierten. Wir hatten Hans viel zu verdanken. Er setzte sich sehr dafür ein, dass wir zusätzliche Freiheiten erhielten, und hatte damit Erfolg.

Da sich fast alle Rumänen auch außerhalb des Lagers frei bewegen durften, was uns Deutschen, von einigen Ausnahmen abgesehen, nicht gestattet war, konnte man sie bitten, Besorgungen zu übernehmen. Die Rumänen machten sich an ihren freien Tagen per Lkw-Anhalter auf den Weg nach Markiewka zum Einkaufen auf dem Großbasar. Dort versuchten sie vor allem, an alkoholische Getränke heranzukommen. 60-75-prozentiger Wodka war damals ziemlich teuer und so kauften die Rumänen einfach Dutzende Flaschen billigen Fusels, Haarwasser oder Parfüm, einfach alles, was Alkohol enthielt. Das Zeug wurde im Lager dann auch getrunken. Die Rumänen waren in Ihrer Freizeit oft blau wie die Veilchen und dabei rochen sie abscheulich nach schlechtem Parfüm. Alles wurde ohne Rücksicht auf die Gesundheit in sich hineingeschüttet. Auch mir wurde das Zeug angeboten, doch ich lehnte dankend ab. Die Rumänen veranstalteten zunehmend größere Feste und Gelage auf den Buden mit gutem Essen, köstlichem Fassbier und ballonweise Wodka oder Likör aus roten Johannisbeeren, der so stark war, dass man nach drei bis vier Stakan-Gläschen bedient war. Ganz ignorieren konnte ich die herzlichen Einladungen nicht, ich wollte die rumänischen Kumpels ja auch nicht verärgern. Auch deren Lagerführer Radunescu nahm ab und zu an den Festen seiner Landsleute teil und so wurde ich mit ihm bekannt. Auf der anderen Seite hatten die Rumänen vor ihrem Lagerführer einen gewaltigen Respekt, denn er zögerte nicht, seine eigenen Leute bei entsprechenden Vergehen mit Karzer zu bestrafen.

Nach meinem Ausflug zu den Rumänen wurde Willi Hartmann wieder mein Vorgesetzter als Schichtführer. Robert Wallach wurde für seine Verdienste vorzeitig in seine Heimat nach Oberschlesien entlassen. Auch Paul Schlösser, unser Erzkommunist aus Hamburg, durfte nach Hause – wegen Krankheit. Ernst Renner wurde entmachtet und musste künftig als Dolmetscher und Aufsichtsführender unter Tage arbeiten. Wie schon in Cadik wurde Alois Barnert oberster deutscher Natschalnik, und damit verantwortlich für den gesamten Arbeitseinsatz der Gefangenen im Schacht. Er verfügte im Lager und im Schacht über eigene Büroräume und konnte sich frei bewegen.

In Colodno Balka lernte ich einige deutsche Gefangene kennen und schätzen, die meist aus anderen Lagern zu uns gekommen waren. Dazu zählten Dr. Heinz Walke aus Offenbach, unser künftiger Lagerarzt, Matthias Schwenker aus Münster in Westfalen, Heinz Ulzheimer und Emil Kath aus Köln am Rhein, Karl Dörr aus Bad Nauheim. Wolfgang von Grawert kannte ich schon, wir kamen uns im Schacht wieder näher. Heinz Gries wurde stellvertretender Brotraumchef. Der Brotraumgewaltige namens Rudi Schick war ein eingebildeter Affe. Er tat so, als ob er sich bei jeder Brotverteilung schweren Herzens von seinen Goldstückchen trennen müsste – ein geiziger Hund erster Klasse, der den Landsern nicht einen Krümel Brot gönnte. Sich selbst, den Russen und seinen wenigen Freunden aber ließ er es gut gehen. Heinz Gries hatte seine liebe Müh' und Not mit ihm. Ich und viele andere waren Gott sei Dank nicht mehr auf Almosen angewiesen, wir konnten unser Brot mit eigenem Geld kaufen.

Bei unserer Ankunft in Colodno Balka fanden wir anfänglich Unterkunft in einem Nebengebäude, das leider total verwanzt war. Die Stuben, die wir später beziehen sollten, wurden gerade renoviert. Nach ein paar Wochen konnten wir dort mit 12 bis 15 Mann pro Bude einziehen. Wir bekamen sogar weiße Bettwäsche und für den Winter erstklassige, neue Wolldecken. Auch auf

Hygiene legten die Russen jetzt mehr Wert. Wir hatten für die damaligen Verhältnisse sehr gute Dusch-, Wasch- und Toilettenräume, die sich auch gut reinigen ließen. Latrine und Donnerbalken waren Vergangenheit. Ungeziefer wurde konsequent vernichtet und endlich durften wir unsere Haare wieder wachsen lassen. Dies hatte unsere Obrigkeit (Fritz Schneider, Hans Wagner und Alois Barnert) durchgesetzt. Außerdem wurden zwei Magazine eingerichtet. Das Innenmagazin enthielt Lebensmittel: Butter und Margarine im Block, Schokolade in Würfelform und Magenbrot – beides wurde nur Kiloweise verkauft, diverse Käsesorten, gutes Mischbrot in Kastenform, verschiedene Marmeladen und Sonnenblumenöl. Bedient wurde man von russischen Zivilisten. Kühlmöglichkeiten gab es leider keine, sodass das Frischfleisch, welches ab und zu angeboten wurde, schnell verdarb. Das Außenmagazin befand sich etwa 100 m außerhalb des Lagers in einem neu errichteten Flachbau. Hier konnte man Kleidung, Wäsche, Schuhwerk, Galoschen und Textilien, aber auch Lebensmittel kaufen. In diesem Magazin durften vorläufig nur die Russen und die Freigänger einkaufen.

Die Küche im neuen Lager wurde auf deutschen Wunsch vollkommen umgebaut. Toni Lautenbach aus Budenheim bei Bad Kreuznach bekam die Stelle als neuer Küchenchef. Sein Vorgänger, Franz Sandner aus dem Sudetenland, wurde noch in Cadik krank. Er kam gar nicht mehr mit nach Colodno Balka. Zusammen mit unserem früheren Lagerführer Paul Hansmann wurde er per Krankentransport in die Heimat entlassen.

Mit Toni Lautenbachs Küchenübernahme hatten wir bis zum Ende der Gefangenschaft das große Los gezogen. Toni war ein Kochgenie. Er hatte das Handwerk von der Pike auf gelernt, und zwar im weltbekannten Hotel Frankfurter Hof in Frankfurt am Main. Dort war er bis zum Ausbruch des zweiten Weltkrieges als Saucier (Soßenkoch) beschäftigt. Er war verheiratet und hatte vier Töchter. Toni krempelte die Küche nach seinen Vorstellungen um, wofür er sowohl von der russischen als auch der deutschen Lagerleitung alle Vollmachten erhielt. Sein Personal suchte er sich selbst aus. Er engagierte auch zwei tüchtige rumänische Hilfsköche, um die Rumänen, die mit der Zeit deutlich an Einfluss verloren hatten, ruhig zu stellen. Mit ausgesuchten Leuten machte sich Toni auf den Weg nach Markiewka, um mit gesammeltem Geld Küchengeräte, Gewürze, lebendes Vieh und Geflügel, Kartoffeln, Weizen-und Roggenmehl und vieles mehr einzukaufen. Über das von den Schächten gesammelte Geld wurden Anteilscheine ausgegeben und peinlichst genau Buch geführt. Auch ich hatte einen Anteil beigesteuert. Das Vieh wurde im Lager geschlachtet und es wurde frische Wurst hergestellt. Dafür wurde Willi Christmann, unser Metzgermeister aus Wiesbaden extra aus dem Schacht genommen. Für die Anteilscheine konnte man fabelhafte Fleischsuppen, gebratene Steaks, geräucherte und gepökelte Ware kaufen. Es war fast wie im Schlaraffenland. Toni zauberte mit seinem Küchenteam die tollsten Sachen. Täglich überraschte er uns mit neuen Varianten seines Könnens. Wir und auch die Russen kamen aus dem Staunen nicht mehr heraus. Für die Russen machte er beispielsweise spezielle Borschtschsuppen mit besonders kräftiger Rindfleischeinlage. Die Nachfrage nach zusätzlichen Produkten aus der neuen Küche wurde so groß, dass Toni Lautenbach weitere Leute einstellen musste. Ein deutscher Bäcker wurde eingestellt, der alle Arten von Backwaren, vor allem aber Kuchen und Torten herstellen sollte. Die konnte man dann kaufen. Später hatten wir sogar echten Bohnenkaffee – Toni beschaffte alles.

Um die Küche auf einen zeitgemäßen Stand zu bringen, wurden auf unsere Kosten verbessertes Küchengerät und Zubehör angeschafft. Verbrauchtes Material wurde verschrottet. Da wir größere Mengen einkaufen mussten, brauchten wir mehr Geld, sodass wir mehr Anteilscheine ausgegeben mussten. An dieser Abwicklung beteiligte ich mich eifrig. Vieh und Ware wurden jetzt sogar mit gecharterten Lkws bis vor das Lager gebracht. Die

Russen staunten nicht schlecht, was die Nemetzkis (Deutschen) alles fertigbrachten. Wir diskutierten sogar, eine Interessengemeinschaft zu gründen, um noch größer einkaufen zu können. Jeder im Lager ankommende Viehtransport wurde mit großem Hallo empfangen. Toni war der absolute König und die Russen dachten, die Deutschen wären übergeschnappt. Kein Wunder, sie lebten in ihrem alten Trott wie im Mittelalter. Keiner von ihnen kam auf den Gedanken, etwas zu verändern. Unser Lagerführer Fritz Schneider und auch Toni Lautenbach erzählten den Russen dauernd, dass der Krieg schon lange vorbei wäre und sich das Leben normalisiert hätte. Sie sollten sich schon mal Gedanken darüber machen, was sie tun wollten, wenn wir mal nicht mehr da wären. Die Russen reagierten darauf sehr zurückhaltend. Sie wollten sich lieber weiterhin auf Väterchen Stalin und die kommunistische Partei verlassen, die alles lenken und sie leiten würden, und die im Sowjetstaat schon alles richtig machen würden. Wir sollten uns nicht den Kopf über ihre Zukunft zerbrechen. Und außerdem: Wer hatte den Krieg gewonnen?

Die Russen profitierten übrigens auch nicht schlecht von unserem „Reichtum". Üblicherweise bekamen sie von den Heimkehrern großzügige Präsente in Form von Bargeld, Spirituosen und Lebensmitteln, womit sie ihre kargen Gehälter etwas aufbessern konnten. Sie nahmen an unseren Festen teil, wo sie kostenlos essen und trinken konnten, so viel sie wollten. Außerdem bekamen sie von uns häufig Geschlachtetes, Wurst und Gebäck geschenkt. Wir taten das natürlich auch, um die Russen bei Laune zu halten, damit sie unsere Freiheiten nicht wieder einschränkten.

Obwohl es bei den Russen keine Gewerkschaften gab, hieß es irgendwann, dass alle Schachter, Deutsche wie Rumänen, wöchentlich einen Ruhetag bekommen sollten. Auch hier hatte die deutsche Obrigkeit ihre Hände im Spiel. Das klappte solange wunderbar, bis der neu eingesetzte russische Verpflegungsoffizier, ein etwas korpulenter ehemaliger Major, den wir Dicky nannten, auf die grandiose Idee kam, die Freizeitler für Erntearbeiten einzuspannen. Obwohl unser Naratschik Hans Wagner heftig protestierte, konnte man vorerst nichts dagegen tun.

Ende Oktober 1948 durfte auch ich meinen Ruhetag mit Tomatenpflücken und Silotreten verbringen. Insgesamt 10 Mann wurden frühmorgens auf einen Lkw verladen und ab ging die Fahrt auf die Tomatenfelder der Ukraine. Wir fuhren und fuhren, die verfluchte Fahrt wollte kein Ende nehmen. Glücklicherweise war gutes Herbstwetter. Regen verwandelte die russischen Straßen, die nicht asphaltiert und voller Schlaglöcher waren, regelmäßig in Schlammpisten. Wenn die Fahrzeuge dann stecken blieben, konnte man sie nur noch mit Kettenfahrzeugen aus dem Dreck ziehen. Der Major, der vorne neben dem Fahrer und einem weiteren Russen saß, verfuhr sich etliche Male und erst gegen Mittag kamen wir in das riesige Erntegebiet. Als Verpflegung hatten wir einige Laib Brot und Dicky meinte: „Ihr könnt ja reife Tomaten dazu essen. Ich und die Fahrer haben auch nicht mehr!" Die meisten Tomaten ernteten wir, solange sie noch grün waren, denn zur Zubereitung von Borschtsch durfte man nur grüne Tomaten verwenden, aber es waren auch viele reife, rote Tomaten dabei. Sie wurden in Körben gesammelt und wir verluden die Körbe auf dem Lkw, bis der voll war. Es war eine schwere Arbeit und wir bekamen mächtig Hunger, weshalb wir so lange rote Tomaten aßen, bis wir den Bauch voller Wasser hatten und rosarot pinkelten. Auf die Ladung wurden Gummidecken gelegt, auf denen wir frierend Platz nahmen. Wir fuhren in die stockdunkle Nacht hinein und suchten das Silo. Der Fahrer, angewiesen auf die Angaben des Majors, konnte das Silo erst nach langer Irrfahrt finden. Auf unsere Beschwerden erwiderte Dicky, er würde nur seine Befehle ausführen. Am Silo angekommen erhielten die Hälfte der Leute Gummistiefel, die bis zum Bauch gingen. Damit stiegen wir auf einer Leiter in die Tiefe des Silos und begannen, die Tomaten zu zertreten, die von der anderen Gruppe auf einer Seite aus den Körben ins Silo geschüttet wurden. Nach etwa einer Stunde war die Treterei beendet. Inzwischen war es Mitternacht geworden und wir dachten, wir würden endlich zurück ins Lager fahren. Der Major eröffnete uns jedoch, dass wir hierbleiben müssten, da er den Rückweg nicht mehr finden würde. Nach längeren Verhandlungen überzeugten wir ihn, im Lager anzurufen und Bescheid zu sagen, dass wir erst am nächsten Tag zurückkommen würden. Dicky bekam am Telefon einen Mordsanschiss und erhielt den Befehl, uns in ein nahegelegenes Gefangenenlager zu bringen, dort zu übernachten und vor allen Dingen, warmes Essen für uns aufzutreiben. In Colodno Balka hatte man schon Nachforschungen eingeleitet, weil man dachte, die Gefangenen hätten den Major und die beiden Russen überwältigt und wären mit dem Lkw auf der Flucht. Dabei wären wir nie auf solche Gedanken gekommen! In dem Lager erlebten wir einen frostigen Empfang, erhielten jedoch warmes Essen und eine Schlafgelegenheit. Wir waren hungrig und kaputt und sollten am kommenden Morgen wieder zur Schachtarbeit antreten! Unmöglich! Major Dicky schlug die Geschichte schon ganz schön auf den Magen. Er wusste, dass er hart bestraft werden würde. Uns gegenüber war er ziemlich kleinlaut und ich hatte, um ehrlich zu sein, ein wenig Mitleid mit ihm. Eigentlich war er ein recht gutmütiger Mensch. Am nächsten Morgen besorgte er uns noch ein annehmbares Frühstück und dann machten wir uns auf den Heimweg.

Um die Mittagszeit kamen wir in Colodno Balka an. Ziemlich unfreundlich wurden wir von einem Empfangskomitee aus russischen, deutschen und rumänischen Lagerführern empfangen. Trotzdem waren wir heilfroh endlich wieder „zu Hause" zu sein. Major Dicky wurde nach einer gewaltigen Standpauke abgelöst – wir haben ihn nicht wiedergesehen. Seit diesem Tag wurde kein einziger Schachter mehr an seinem freien Tag zu Sondereinsätzen abkommandiert. Wir bekamen zwei Tage Sonderurlaub und eine doppelte Portionen Verpflegung.

Im November 1948 wurden alle Rumänen nach Hause entlassen. Mit gemischten Gefühlen nahmen wir voneinander Abschied. Einerseits war man neidisch und fühlte sich irgendwie allein gelassen, andererseits freute man sich mit ihnen. Man hatte sich ja an die rauen Gesellen gewöhnt und hatte trotz der prekären Lage Spaß und Freude mit ihnen. Jetzt waren im Lager nur noch deutsche Gefangene, etwas über achthundert Seelen. Unsere Hoffnung, ebenfalls bald die Heimat wieder zu sehen, wurde durch die Entlassung der Rumänen gestärkt. Doch soweit war es noch nicht.

Nach dem Abzug der Rumänen hatte die deutsche Lagerführung unter der Leitung des genialen Fritz Schneider und des „Finanzministers" Hans Wagner neue Möglichkeiten unser Leben zu beeinflussen, sowohl im Lager wie auch im Schacht. Wir erreichten Arbeitsbedingungen, die in der Vergangenheit undenkbar gewesen wären. Das Dreigestirn Wagner, Schneider, Barnert schaffte es endlich, nach zähen Verhandlungen, für 100 Schachter Freigang zu erwirken in einem Gebiet von 30 Kilometern um das Lager herum – ohne Bewachung. Für dieses Zugeständnis waren wir dem russischen Lagerkommandanten Kapitän Stichenko sehr dankbar. Allerdings wurde die Vergünstigung an verschiedene Bedingungen geknüpft. Wir durften das Lager nach Feierabend nur in einer Gruppe von fünf Mann verlassen und mussten uns geschlossen zu einem festgesetzten Zeitpunkt zurückmelden. Außerdem war jeder Ausgang außerhalb der Arbeitszeit beim wachhabenden Offizier anzumelden. Wegen der Gefahr, von Wegelagerern oder Partisanen überfallen zu werden, mussten wir uns mit Messern bewaffnen, die in der Schlosserei extra angefertigt wurden. Und schließlich durften alle Schachter ohne Bewachung zur Arbeit unter Tage laufen, für die vollzählige Rückkehr waren nun Brigadiere und Schichtführer verantwortlich.

Jeder Freigänger erhielt einen speziellen Ausweis, den Propusk. Es bürgerte sich ein, wenn man von einem Ausflug nach Markiewka zurückkehrte, den Wachhabenden etwas mitzubringen.

Das konnte hochprozentiger Wodka sein oder ein Briefchen mit gesammelten Rubeln. Die Russen nahmen das gerne an, denn der Sold der Bewachungsmannschaften war keineswegs üppig. Außerdem wussten sie, dass wir im Schacht gutes Geld verdienten. Ich selbst glaubte damals, mir im Laufe der vielen Jahre Gefangenschaft den Status als Freigänger verdient zu haben. Schließlich hatte ich die mir aufgetragenen Arbeiten immer gewissenhaft erledigt. Ich habe mir gegenüber den Russen nie etwas zuschulden kommen lassen, habe keinen Fluchtversuch unternommen und nie Kameraden bestohlen. Ich war immer ehrlich und konnte jedem Russen und Landser in die Augen schauen. Außerdem hatte ich im Laufe der Zeit viele Kumpels materiell unterstützt. Umso mehr genoss ich es jetzt, so oft wie möglich aus dem Lager herauszukommen, ein halbwegs freier Mensch zu sein und nach Markiewka zum Einkaufen zu fahren, allerdings immer in Begleitung von vier Kameraden. Wir liefen zur Straße, hielten einen Lkw an und ließen uns gegen Entgelt auf der Ladefläche sitzend zum Basar kutschieren. Um möglichst viele Dinge, auch für die Kollegen, einkaufen und transportieren zu können, hatten wir uns Rucksäcke besorgt. Jeder hatte mehrere Tausend Rubel gesammeltes Geld in den Taschen und wir mussten höllisch aufpassen, nicht bestohlen zu werden. Ich kaufte mir Unterwäsche und eine Schweizer Armbanduhr auf dem Basar sowie Hemden, Strümpfe, Schuhe und Pflegemittel wie Seife, Zahnbürste und Zahnpasta.

Ich konnte es mir sogar leisten in der Lagerschneiderei aus deutschen Offiziersstoffen einen Anzug anfertigen zu lassen. Wohlgemerkt, alle eingekauften Textilien und Gegenstände waren nagelneu, und nicht etwa gebraucht. Wir führten zu dieser Zeit ein einigermaßen angenehmes Leben, was uns außerordentlich half, das Heimweh vorübergehend wegzustecken.

Zeitgleich kam Rudi Schick bei den Russen groß heraus. Der Brotraumchef hatte es immer verstanden, sich der Schachtarbeit zu entziehen, obwohl er kerngesund war. Er hatte immer viel Geld und war der russischen Sprache mächtig. Er verstand es bravourös, sehr oft auf eigene Faust, aus dem Lager herauszukommen, einzukaufen, Damenbesuche zu machen und manchmal sogar über Nacht wegzubleiben. Irgendwie verfügte Rudi immer über besondere Privilegien. Er war der große Playboy des Lagers. Ich selbst hatte nicht gerne mit ihm zu tun. Ich hatte immer das Gefühl, dass eines schönen Tages die Herrschaft Schicks wie eine Seifenblase zerplatzen würde. Rudi konnte kommen und gehen, wann er wollte. Er bewegte sich immer gut gekleidet durch das Lager. Die Aufträge, die er für seine Ausflüge entgegennahm, führte er immer ordnungsgemäß aus. Er hatte einige besondere Kunden, von denen er für seine diversen Geschäftchen Provision erhielt. Ich nahm seine Dienste nie in Anspruch, was ich brauchte besorgte ich mir zusammen mit anderen Freigängern selbst. Rudi steckte auch mit dem russischen Politoffizier, einem Wolgadeutschen Stachina (Feldwebel) unter einer Decke.

Eines Tages machte sich Rudi mal wieder mit 40000 Rubeln und vielen Sonderaufträgen auf den Weg zum Basar. Als er nach drei Tagen noch immer nicht zurückgekehrt war, schickte man einen Suchtrupp los. Der fand ihn in einem Gebüsch, ausgeraubt, mit eingeschlagenem Schädel, jedoch noch lebend, in unmittelbarer Nähe des Lagers. Rudi starb einige Tage später im Krankenhaus von Markiewka. Die Banditen müssen ihn circa 300 m vom Lager entfernt, kurz vor der Straße, am helllichten Tag abgefangen, niedergeschlagen und ins Unterholz gezogen haben. Die Täter wurden nie gefunden. Der Politoffizier erzählte uns später, dass Rudi beim nächsten Heimattransport, noch vor Weihnachten, dabei gewesen wäre. Außerdem munkelte man, dass er sich gegen Zahlung eines fünfstelligen Rubelbetrages freigekauft hatte. Krank war er ja nicht gewesen – im Gegenteil, er war kerngesund und im besten Mannesalter. Sein Nachfolger im Brotraum wurde Heinz Gries.

Im November 1948 wurde im Schacht Colodno Balka der Stollen Nr. 6 geschlossen. Stollen Nr.7 war bereits für den Abbau vorbereitet und die deutschen Kameraden sowie die werktätigen Russen wurden dort weiterbeschäftigt. Dann passierte es. Es war um die Mittagszeit, die Frühschicht war gerade ausgefahren und die Spätschicht war im Begriff einzufahren, es waren schon einige unten. Plötzlich gab es eine mächtige Explosion, die bis ins Lager zu hören war. In den Stollen 6 und 7 hatte sich eine Schlagwetterexplosion ereignet, bei der 26 russische und 4 deutsche Schachter ums Leben kamen. Darunter war auch Heinz Winkel, ein lieber Junge aus deinem Ruhrpott, gerade mal 20 Jahre alt, der erst kürzlich aus einem anderen Lager zu uns gekommen war und der mit mir für kurze Zeit als Waggonschieber gearbeitet hatte. Er hatte sich freiwillig gemeldet. Ich weinte drei Tage um ihn.

Unser Lagerarzt Dr. Heinz Walke aus Offenbach hatte seine Lagerpraxis inzwischen leidlich eingerichtet. Er klagte allerdings, dass er mehr Medikamente zur Behandlung der Landser benötigen würde, hauptsächlich Verbandsstoffe, Äther und Salben, aber auch vieles andere. Ich hatte wieder mit meinen beiden Kniescheiben zu tun, sie hatten sich entzündet und mussten unbedingt behandelt werden. Dr. Walke betrachtete meine Beine und erklärte, dass er operieren müsse. Für eine örtliche Betäubung hatte er keine Mittel. Er gab mir ein Stück Holz und sagte: „Beiß drauf und schau in eine andere Richtung." Der Eingriff war nicht so schwerwiegend, dass ich ins Lazarett aufgenommen werden musste, ich wurde nur für einige Tage krankgeschrieben. Die Einschnitte heilten schneller als ich gehofft hatte. Nach zehn Tagen konnte ich die Schachtarbeit wieder aufnehmen. Zwischen Dr. Walke und mir entwickelte sich eine besondere Freundschaft, die auch nach der Heimkehr weiter bestand.

Inzwischen war es Herbst 1948 geworden. In Sachen Kultur und Weiterbildung tat sich weiterhin nichts Wesentliches. Herr Bruns veranstaltete in bescheidenem Umfang Sprachkurse, wurde von der Lagerführung mit kleinen Verwaltungsaufgaben betraut und war weiterhin von der Schachtarbeit befreit. Dann lernte ich Armin Müller kennen, einen aus dem Sudetenland stammenden Beutedeutschen, der sich als vorzüglicher Schachspieler entpuppte. Er war früher sogar böhmischer Jugendmeister gewesen. Es sprach sich im Lager schnell herum, dass ein Neuling aus irgendeinem anderen Lager eingetroffen war, der ein Schachkünstler der Sonderklasse sein sollte. Die Spiele fanden auf irgendeiner Bude statt, doch das kümmerte mich zunächst wenig. Ab und zu schaute ich vorbei, fand aber wenig Gefallen am Spiel, hauptsächlich wegen der handgemachten, unattraktiven Holzfiguren. Das änderte sich, als Schachinteressierte ein echtes Brett und gedrechselte Schachfiguren auf dem Basar in Markiewka ergattern konnten. Nun schaute ich öfters dem Geschehen zu, ließ mir von Müller das königliche Spiel erklären und entwickelte zunehmend Interesse daran. Im Laufe der Zeit wurden mehrere Spiele angeschafft und Schach erlebte einen gewaltigen Aufschwung. Die Partien fanden in mehreren Räumen statt und wurden von Müller beaufsichtigt. Auch die Russen wurden neugierig. Sie förderten das Schachspiel, hielten sich jedoch bewusst zurück. Innerhalb kürzester Zeit erlernte ich das Spiel einigermaßen, und als ich erstmalig einen Kameraden schachmatt setzten konnte freute ich mich wie ein kleines Kind. Nur ein einziges Mal ist es mir gelungen, den Meister selbst zu besiegen. Nach dem Spiel dachte ich: „Wahrscheinlich hat er dich aus Sympathie gewinnen lassen." Heute bin ich der Meinung, dass im Leben etwas versäumt hat, wer nicht Schach spielen kann. Wir überlegten noch, ob wir Meisterschaften veranstalten sollten, doch dafür reichte die Zeit nicht mehr. Müller wurde vorzeitig entlassen und die Schachträume waren ausgeträumt. Nach der Heimkehr hatte ich noch öfters Gelegenheit, mich mit guten Schachspielern zu messen. Einem Verein beizutreten war jedoch nicht meine Sache.

Unsere Bewachung wurde immer weiter reduziert. Ab Herbst 1948 waren die Wachtürme des Lagers fast nur noch nachts besetzt. Da sich, wie spätestens nach Rudi Schicks Ermordung klar wurde, allerhand Gesindel in der Gegend herumtrieb, waren wir froh, dass wir wenigstens nach der Rückkehr vom Schacht oder vom Einkaufen im Lager sicher und gut aufgehoben waren. Wie sich die Zeiten ändern, kein Mensch dachte mehr an Flucht!

Trotz anfänglicher Schwierigkeiten brachte Heinz Brenda nach dem Abzug der Rumänen sein Orchester voll in Schwung. Er nahm Verbindung mit einem sieben Kilometer entfernten Frauen-Gefangenenlager auf und versuchte, gemeinsam mit unserem Lagerführer Fritz Schneider und der dortigen Lagerführung, in unserem Lager einen bunten Abend zu veranstalten. Das war gar nicht so einfach. Die russische Führung des Frauenlagers sträubte sich mit Händen und Füßen gegen eine solche Zusammenführung. Doch schließlich siegte die Vernunft und die deutschstämmigen Frauen aus Siebenbürgen und dem Banat, alle zwischen 25 und 30 Jahre alt, durften uns zusammen mit ihren russischen Betreuern und Betreuerinnen besuchen. Der bunte Abend war ein durchschlagender Erfolg. Dabei müssen auch einige feste Verbindungen entstanden sein. Von Fritz Schneider weiß ich, dass er mit einer Russin glücklich wurde. Schon als ich noch im Lager war, wurden aus dieser Verbindung zwei Kinder geboren. Fritz ließ sich von seiner deutschen Frau scheiden und blieb für immer in der Sowjetunion. Die Russen versuchten immer wieder uns zu überreden, russische Frauen zu heiraten und Bürger der Sowjetunion zu werden. An solch eine Möglichkeit verlor ich aber keinen Gedanken.

Der Hauptbefürworter dieser und weiterer Kulturveranstaltungen war unser russischer Kommandant Kapitano Stichenko. Die Zusammenführung war sein Verdienst. Wir besuchten die Frauen in Shitka und sie besuchten uns. Alles klappte vorzüglich. Nach und nach lernten wir uns gegenseitig besser kennen und einige von uns, mich eingeschlossen, machten den Damen kleinere Geschenke. Wir hatten die Möglichkeit und das Geld dazu, warum sollten wir den Frauen, die sehr viel Leid ertragen mussten, nicht eine Freude machen.

Ich hatte mich mit einer 28-jährigen Sara aus dem Banat angefreundet. An den Veranstaltungen tanzten wir zusammen, was ich in der langen Gefangenschaft nicht verlernt hatte. Ansonsten blieb diese Beziehung platonisch, ich wollte frei und ungebunden bleiben. Die schöne Sara war dabei übrigens der gleichen Meinung wie ich. Und nach meiner Heimkehr fand ich das Sprichwort bestätigt, dass andere Mütter auch schöne Töchter haben!

Sara erzählte mir, dass sie, wie die meisten Frauen hier, in jungen Jahren von den Russen aus der Heimat in die Ukraine verschleppt worden waren. Man steckte die Mädchen einfach als Waggon-Schieberinnen in die Schächte. Die schwere und ungewohnte Arbeit, zusammen mit der schlechten Verpflegung führte dazu, dass viele von den Mädchen schwer erkrankt oder sogar gestorben sind. Ganz junge Mädchen, die häufig noch in der Pubertät waren, wurden durch die Arbeit im Wachstum beeinträchtigt, wodurch nicht selten körperliche Missbildungen entstanden. Sara war eine der gut gebauten Damen. Ich habe die Frauen damals unendlich bedauert. Sie gingen genauso wie wir einer ungewissen Zukunft entgegen und wir konnten diesen Geschöpfen nicht angemessen helfen. Auf der anderen Seite nahmen viele Kameraden die Gelegenheit wahr, sich endlich wieder einmal sexuell auszuleben. Eventuelle Folgen kümmerten niemanden.

Später änderten die Russen im Mädchenlager ihre Meinung. Die Begegnungen wurden immer seltener und eines Tages, Mitte 1949, ließen sie die Mädchen gar nicht mehr aus dem Lager heraus und uns, auch nachdem wir sieben Kilometer gelaufen waren, nicht mehr hinein. Ein Grund war vielleicht Konkurrenzneid. Es gab wohl auch intime Verhältnisse einiger Mädchen mit Russen und Männern aus dem Banat und Siebenbürgen. Letztere waren als Aufsichtspersonal im Lager eingesetzt. Sie sollen teilweise sehr brutal gegen die Frauen vorgegangen sein.

Sara schenkte mir zur Erinnerung einen kleinen, sehr schönen, weißen Kissenbezug, blau bestickt, den ich noch heute besitze. Ende 1949 schrieb sie mir, dass sie gesund nach Hause gekommen sei.

Musik gab es im Lager nach wie vor, jedoch nur noch unter uns und gelegentlich mit den Russen. Das Lagerleben unter uns Deutschen wurde in dieser Zeit immer besser und netter. Dies war der große Verdienst unseres Kommandanten Kapitano Stichenko. Er war ein strenger, aber gerechter Offizier, der seinen Dienst sehr genau nahm. Er sagte vor versammelter Mannschaft, dass er, falls notwendig, für jeden Einzelnen von uns zu sprechen wäre. Außerdem betrachte er uns nicht als Woina Pleni (Kriegsgefangene) sondern als Towarische (Genossen) der Sowjetunion. Er hatte uns im Laufe der Zeit viele Freiheiten eingeräumt: Freigang, Damenbesuch, Bewachungsvergünstigungen, Sprachkurse, freie Kleiderwahl und Haarschnitt nach eigenem Geschmack. Was ihn besonders auszeichnete, war die perfekte Beherrschung der deutschen Sprache. Besonders zu loben ist, dass er uns gestattete, lebendes Schlachtvieh, also Rinder, Kälber und Schweine zu kaufen, ins Lager zu bringen, zu schlachten, zu verarbeiten und die Produkte zu verkaufen. Damit hatten wir zusätzliche Nahrung zur Verfügung und waren nicht mehr auf die Lagerverpflegung angewiesen. Geld verdienten wir schließlich genug. Dann sprach er davon, dass er derjenige sowjetische Offizier sein würde, der uns bis zur Großstadt Brest Litowsk, an die Grenze zu Polen begleiten würde, um uns in die Heimat zu verabschieden. Er erhielt spontanen Applaus. Allerdings glaubte ihm kein Mensch.

Apropos Verpflegung: Auf Umwegen oder durch die Zeitung – wir durften inzwischen die Prawda und die Iswestija lesen – erfuhren wir, dass von den Amerikanern für die deutschen Kriegsgefangenen in der Sowjetunion und auch anderswo sogenannte Care-Lebensmittelpakete gespendet worden waren. Ich kann mich nicht erinnern, dass solche Pakete an uns verteilt worden wären. Die wenigen, die ins Lager kamen, waren alle auf dem Basar in Markiewka käuflich erworben worden. Ich frage mich noch heute, wo die Tausende für uns bestimmten Care-Pakete abgeblieben sind. Entweder hatten sich die Russen die Wohltaten unter den Nagel gerissen, oder die Amis hatten die Pakete an die Russen verkauft. Ihr Inhalt war übrigens höchst attraktiv: seemäßig verpackte, hochwertige Fleisch- und Wurstkonserven, Butter, Kekse, Konfitüre, Käse, Schokolade, Reis und vieles mehr. Wir kamen aus dem Staunen nicht mehr heraus. Ich weiß nicht mehr, wie viel diese Köstlichkeiten damals gekostet haben – billig waren sie jedenfalls nicht und auf Dauer konnten wir uns solch einen Luxus nicht leisten.

Im Schacht hat sich damals auch einiges geändert. Nach der furchtbaren Schlagwetterexplosion und den vielen toten Kumpels verbesserten die Russen mit englischer Hilfe die Ventilation der Stollen und Strecken. Außerdem wurden Fluchträume geschaffen und es wurden verbesserte, elektrisch geladene Grubenlampen ausgegeben. Auf den Strecken wurden die Schienen und Weichen umgerüstet für den Einsatz nagelneuer, englischer Elektroloks, die übrigens von bildschönen Russinnen gefahren wurden. Die E-Loks waren eine große Erleichterung für uns, denn wir brauchten die langen Strecken bei Schichtanfang und -ende nun nicht mehr zu Fuß zurückzulegen. War jedoch einmal ein mit Kohle gefüllter Waggon aus den Schienen gesprungen, so mussten wir ihn nach wie vor mit den eigenen Händen wieder auf die Schienen heben. Wenn sich solche Ausfälle während der Schicht ereigneten, konnte man darauf wetten, dass einer der Schichtführer, Willi Hartmann oder Ernst Renner, einer Eingebung folgend, auf der Matte stand, um zu fragen, warum das hier nicht weiterging. Die Förderung durfte auf keinen Fall unterbrochen werden. Willi Hartmann und ich haben in dieser Zeit Dutzende entgleister Waggons geborgen. Schließlich lag es in unserem eigenen Interesse, so viel Kohle wie möglich zu fördern, um mit dem verdienten Geld angenehmer leben zu können. Leider kam es auch in Colodno Balka immer wieder zu Stromausfällen – weder die Russen noch die Engländer bekamen die Sache vollständig in den Griff.

Während eines dieser Stromausfälle erschien plötzlich Oberschichtführer Ernst Renner bei mir und fragte, warum die Schüttelrutsche still steht und die Förderung nicht weitergeht. Wenn ich schon *warum* hörte, schwoll mir der Kamm. Ich antwortete: „Du siehst doch, dass kein Strom da ist." Patsch, hatte ich eine in der Visage und stürzte in den Wassergraben. Ich war völlig perplex. Kein Russe und kein Deutscher hat es in der Gefangenschaft bis dahin gewagt, mich anzugreifen. Und eigentlich hatte ich zu Ernst Renner ein einigermaßen gutes Verhältnis. Ich stand auf, schüttelte mich, und nahm mir Herrn Renner, der schon im Abdrehen war, zur Brust. Ich schlug ihn blitzschnell zusammen, sodass er ebenfalls im Wassergraben landete. Meine Waggonschieber mussten mich zurückhalten, weil ich ihn in meiner Wut weiter vertrimmen wollte.

Der Vorfall hatte natürlich Folgen. Ernst Renner, der große Kriegsgefangenen-Boss mit perfekten russischen Sprachkenntnissen, wurde im Schacht vom kleinen Lukawoiy Karl Kull zusammengeschlagen. Das war etwas Neues, eine Sensation und wurde schnell zum Lagergespräch. Die Russen erfuhren nichts davon. Viele Landser und Offiziere freuten sich mächtig, dass der eingebildete, nicht sonderlich beliebte Ernst Renner mal eine deftige Abreibung bekommen hat. Auch Willi Hartmann lachte sich kaputt. Ernst machte natürlich Meldung beim deutschen Hauptnatschalnik Alois Barnert. Daraufhin musste ich mich bei Alois melden, der mir erklärte, dass er mich bestrafen müsse. Ich erklärte ihm das Ereignis aus meiner Sicht, erzählte, dass mir der Ernst zuerst eine gescheuert hätte und zwar völlig grundlos. Alois meinte, dass es nicht anging, einen Schachtvorgesetzten im Range eines Obersteigers zu schlagen. Bei dieser Aussage konnte Alois ein Lächeln jedoch nicht unterdrücken. Alois würde mir aus dieser Geschichte also keinen Zopf drehen. Schließlich bestrafte er mich mit einem dreitägigen Entzug der Zusatzverpflegung, insgesamt 600g Brot und 90g Speck. Ernst Renner erhielt ebenfalls einen strengen Verweis. Tätlichkeiten gegenüber Untergebenen waren zu unterlassen. Ernst hätte es sicherlich gerne gesehen, wenn mich der Alois Barnert in den Karzer gesperrt hätte. Die verloren gegangene Zusatzverpflegung erhielt ich übrigens von Willi Hartmann in Raten zurück. Der Vorfall war einige Zeit Lagergespräch. Immer wieder nahm ich Glückwünsche entgegen. Ernst Renner ist mir im Schacht nicht mehr begegnet. Im Dezember 1948 wurde er in die Heimat entlassen.

Die Entlassungen führten unter den zurückgebliebenen Landsern zu erheblichen Spannungen. Auch mein Kriegsfreund und Leidensgenosse Heinz Gries, der große Brotraumboss verkehrte nur noch mit Höhergestellten. Einen ganz besonderen Umgang pflegte er mit dem deutschen Schneidermeister und mit den russischen Politoffizieren im Lager. Hinter verschlossenen Türen wurde allerhand gemauschelt. Geld spielte keine Rolle. Auch Hans Wagner, der mir immer sauber erschienen war, gehörte zu diesem Kreis. Heinz Gries entglitt mir vollkommen und ich ahnte, was im April 1949 Wirklichkeit werden sollte.

Wieder wurde in der Region ein Heimkehrertransport zusammengestellt. Kranke und nicht mehr arbeitsfähige Landser aus diversen Lagern der Umgebung wurden bei uns zusammengezogen. Auch einige verdiente Arbeiter unseres Lagers und solche Kumpels, die gute Beziehungen zum russischen Politoffizier und zum deutschen Lagerschneider pflegten, standen auf der Liste.

Und natürlich der Herr Schneidermeister Ludger Himmelreich persönlich sowie mein langjähriger Freund und Weggenosse Heinz Gries. Hatten es die Herren doch tatsächlich geschafft, sich beim Politoffizier, dem Wolgadeutschen Stachina, freizukaufen. Es soll sich um einen Betrag von 15.000 Rubel pro Person gehandelt haben. Ich fragte mich damals, woher der Heinz nur die Kohle habe. Er konnte doch kein Geld halten und pumpte mich ständig an. Später stellte sich heraus, dass der Schneidermeister für ihn in Vorlage getreten war. Aufgrund ihrer Verdienste im Schacht kamen auch Willi Hartmann, Hans Wagner und Willi Köhler vorzeitig frei – ohne Schmiergeld. Als vertrauenswürdige Kameraden verblieben mir Karl Dörr, Heinz Ulzheimer, Dr. Heinz Walke und der fleißige Toni Lautenbach. Wenn ich daran dachte, dass ich dableiben und weiterhin in den Schacht marschieren musste, während andere nach Hause durften, wurde mir das Herz ganz schön schwer. Ich konnte nicht begreifen, dass man mich so schnöde im Stich gelassen hatte. Man hätte mich doch auch ins Vertrauen ziehen können. Vielleicht hätte ich das Schmiergeld auch aufbringen können. So blieb mir nichts anderes als die Hoffnung, mit einem der nächsten Transporte mitzukommen. Die Russen versprachen uns ja andauernd, dass wir bald nach Hause, skoro damoi, kommen würden. Und mir blieb die Genugtuung, dann wenigstens auf ehrliche Art nach Hause zu kommen. Die Abgereisten waren für mich verloren, aber nicht vergessen.

Vielleicht hatte die spätere Heimkehr auch etwas Gutes – obwohl ich noch 5 Monate warten musste, sind meine Kameraden Gries und Wagner, die ich noch mehrere Male getroffen habe, wenige Jahre später gestorben, während ich mich nach wie vor bester Gesundheit erfreue. Den Schneider wollte ich gar nicht mehr sehen.

Da ich ein sparsamer Mensch war, und immer Geld hatte, wurde ich des Öfteren von den Kumpels angepumpt. Das verliehene Geld musste allerdings bei der nächsten Auszahlung, die jetzt von Hans Berger, dem Nachfolger von Hans Wagner vorgenommen wurde, mit geringen Zinsen zurückgezahlt werden. Mein Hauptkunde war Willi Köhler aus dem Ruhrpott, einer meiner Stubenkameraden. Er war „Meister der Kohle", also bester deutscher Kohlenhauer im Schacht, wodurch er bei den Russen großes Ansehen genoss. Willi war ein absoluter Spitzenverdiener im Schacht. Er verdiente monatlich so um die viertausend Rubel, ein kleines Vermögen. Er war ein lieber Kerl, der nur leider kein Geld halten konnte und der damals schon total verschuldet war. Er hatte bereits mehrere Kumpels angepumpt, vergaß aber das Geld zurückzuzahlen. Irgendwann wollte ihm natürlich niemand mehr etwas leihen – so kam er zu mir. Ich wollte vor allen Dingen von ihm wissen, wie es möglich war, innerhalb weniger Tage einen solchen Batzen Geld zu verschleudern. Willi war der kräftigste der deutschen Kriegsgefangenen und ich wusste, dass er essen konnte wie ein Weltmeister. Er brachte es fertig, auf einen Schlag einen Laib Brot (1000g), ein Pfund Butter, bis zu zwei Liter Dickmilch (Kefir) und die üblichen Fleisch- und Wurstwaren der Lagerverpflegung zu verputzen. Das meiste Geld gab er für Essen und Trinken aus und den Rest verschenkte er. Er war das Gute in Person und wurde von vielen schamlos ausgenutzt. Es waren hauptsächlich Geringverdiener, die ihm von der Kohle halfen. Die Begleichung seiner Schulden bereitete ihm große Schwierigkeiten. Er wusste ja gar nicht mehr, wem er Geld zurückzugeben hatte.

Ich versprach ihm, seine Finanzen in Ordnung zu bringen, jedoch nur unter gewissen Bedingungen. Erstens sollte mir Willi nach jedem Zahltag sein Geld übergeben. Zweitens war ich damit für die Begleichung seiner Schulden zuständig und drittens musste er immer zu mir kommen, wenn er Geld ausgeben wollte. Zur Schuldentilgung musste ich sogar eigenes Kapital einsetzen, um auf schnellstem Wege Ordnung in seine Finanzen zu bringen. Für mich selbst handelte ich lediglich einen geringen Zins aus. Das Verschleudern und Verschenken von barem Geld hörte innerhalb kürzester Zeit auf. Das Geld für Essen und Trinken konnte ich ihm schlecht kürzen, doch Schulden wurden keine mehr gemacht. Er stand ja auch bei mir ziemlich hoch in der Kreide.

Durch die Verwaltung von Willis Geld hatte ich natürlich selbst ständig größere Geldbeträge parat, die sicher aufbewahrt werden wollten. Dafür hatte ich mir aus dickem Wehrmachtsstoff zwei unterschiedlich große Brustbeutel mit Druckknopf anfertigen lassen. Meine Finanzen haben immer gestimmt und es wurde nie etwas gestohlen. Im Schnitt besaß ich immer vier- bis siebentausend Rubel und hatte zwei- bis viertausend Rubel in Verwahrung genommen. Die Verwaltung des Geldes war ziemlich aufregend für mich. Doch dadurch war ich beschäftigt und die Zeit bis zur Heimkehr verging schneller.

Hier sollen noch die Seitenzahlen, auf denen die Personen erwähnt wurden, eingefügt werden. Auf der mir vorliegenden Unterlage sind diese etwas durcheinandergeraten – ich habe sie deshalb weggelassen. Beim Satz hätten sich diese ohnehin verändert.

Obwohl mich das Verschwinden vieler bekannter Gesichter aus unserem Lager mächtig mitgenommen hatte, waren mir die verbliebenen Freunde Heinz Walke, Toni Lautenbach, Matthes Schwenker, Wolfgang von Grawert und Karl Dörr ein sehr starker Strohhalm. Dieser Rückhalt ließ mich für lange Zeit meine Lage fast vergessen. Übrigens erhielt unser Doktor aus Offenbach im Laufe der Zeit immer mehr der gewünschten Medikamente und Verbandsmaterial, um verletzte oder erkrankte Kumpels behandeln zu können. Heinz konnte schalten und walten, wie er wollte. Er bekam sogar stationäre Räume mit sechs bis acht Betten zur Verfügung gestellt, damit man nicht wegen jeder Kleinigkeit nach Markiewka ins Krankenhaus fahren musste. Russische Ärzte ließen sich wochenlang nicht blicken. Heinz brauchte lediglich eine monatliche Namensliste und die Anzahl der Behandlungen einzureichen. Dr. Walke wurde im Lager immer beliebter. Jetzt ließen sich sogar die Russen von ihm behandeln. Seine Wünsche nach ärztlichen Utensilien wurden unverzüglich erfüllt.

Der Geldhandel im Lager wuchs ständig. Die Aktivitäten der Deutschen außerhalb des Lagers nahmen zu. Alles hatte seinen Preis und vieles war gefährlich. Ich selbst hielt mich tunlichst zurück. Mit der Hoffnung auf eine baldige Heimkehr nahm ich selten an einem Fest teil, sondern ging ruhig meiner Arbeit nach. Und meine Finanzen ließ ich nicht aus den Augen. Die Russen zogen jetzt voll mit, denn auch sie spürten, dass die Deutschen nicht mehr lange da sein würden.

Wie schon erwähnt, hatten die Russen außerhalb des Lagers, nur wenige Schritte entfernt, ein weiteres Magazin eröffnet. Ursprünglich sollte nur die russische Zivilbevölkerung dort einkaufen können. Doch die eigene Bevölkerung hatte zu wenig Geld, so stagnierte der Konsum und man ließ die deutschen Freigänger ebenfalls dort einkaufen. Es war dort alles zu haben, was das Herz begehrte. Die russischen Angestellten dieses staatlichen Magazins erhielten wenig Geld, sie wurden vorwiegend mit Naturalien entlohnt. Damit kamen sie natürlich auf keinen grünen Zweig. Die Kontrollen, die die Lagerbestände prüften, mussten häufig Fehlbestände feststellen. Bei Lebensmitteln ließ sich das mühelos mit verdorbener Ware erklären, fehlende Gebrauchsgegenstände dagegen, wie Kofeiken-Wattebekleidung, Textilien, Unterwäsche und Schuhe mussten als Diebstahl protokolliert werden.

Es sei denn, höhere Gewalt war im Spiel. Im Frühjahr 1949, unsere Brigade sollte zur Frühschicht aufbrechen, erwachten wir im Morgengrauen durch den Lärm heftiger Schusswechsel. Dies war der Beginn einer wilden Schießerei, die gar nicht mehr aufhören wollte. Ich fürchtete schon, der dritte Weltkrieg hätte begonnen.

Die Russen waren in heller Aufregung, rannten schreiend auf den Fluren herum, befahlen uns in Deckung zu gehen und uns ruhig zu verhalten. Sie mussten uns ja beschützen und verteidigen, uns durfte auf keinen Fall etwas passieren. An Schlaf war nicht mehr zu denken. In der Helligkeit erfuhren wir, dass das Außenmagazin von schwerbewaffneten Partisanen überfallen worden war. Die Hälfte der etwa 10-12 Gangster wurde erschossen. Der Rest konnte mit geraubten Lebensmitteln und gestohlenen Lkws unerkannt entkommen. Den Bewachungsmannschaften auf den Türmen und der Budka-Besatzung hatten wir den guten Ausgang dieses Überfalls zu verdanken. Es gab unter den Wachen keine Opfer zu beklagen.

Im Nachhinein fanden wir den Vorfall doch ziemlich erstaunlich. Anscheinend hatten die Kommunisten im eigenen Land erbitterte Gegner. Um an Lebensmittel zu kommen, überfielen die Partisanen Magazine und Basare in der Region. Eine ihrer Spezialitäten war die Zerstörung und Sprengung von Bahngleisen und Weichenanlagen. Bei unseren Ausflügen nach Markiewka fiel uns in dieser Zeit auf, dass die Bahnanlagen bei Tag und Nacht von bewaffneten sowjetischen Milizen beschützt wurden. Ich wunderte mich, dass es so lange nach Kriegsende nicht möglich sein sollte, solchen Elementen energisch entgegenzutreten. Fragte man die Russen nach den Ursachen, so lautete die Antwort üblicherweise: „Russland ist groß und weit. Die paar Partisanen schnappen wir eines Tages und dann kehrt wieder Ruhe ein." Trotzdem versuchten die Terroristen immer wieder, für Aufruhr zu sorgen. Für uns bedeutete der Überfall, dass wir das Lager auf absehbare Zeit nicht mehr privat verlassen durften. Für die Wege zum Schacht und zurück wurden die russischen Bewachungsmannschaften verstärkt.

Nach zwei Wochen war der Überfall vergessen. Die Kräfte der Regimegegner reichten nicht aus, die Zustände im Sowjetstaat zu verändern. Das Lagerleben ging wie gewohnt weiter und wir ließen es uns den Umständen entsprechend gut gehen. Das Magazin vor unserem Lager wurde danach aufgelöst. Stattdessen eröffnete man im Erdgeschoss unseres Haupthauses innerhalb des Lagers, wo auch ich wohnte, ein neues Magazin, wohin verschiedene Einrichtungen des alten Magazins umgezogen wurden. Da es keine Kühlschränke gab, wurden empfindliche Waren, wie Butter (in 40cm-Blöcken) Käse und Schokolade, in den kühlen Kellerräumen aufbewahrt. Die Sachen kamen dort in speziell angefertigte Holzvitrinen, die mit starkem Maschendraht und Schloss vor Ratten und Diebstahl geschützt wurden. Außerdem wurde nachts das Licht angelassen.

Doch es kam, wie es kommen musste. Die Ratten ließen nicht lange auf sich warten. Auf Tonnen und Leitern stehend haben wir von außen beobachtet, wie sich mehrere Dutzend Ratten nachts im Keller zu schaffen machten. Erst warfen sie mit geballter Kraft die Vitrine um, dann zerbissen sie im Nu das Holz und den Maschendraht und machten sich über Butter, Käse und Schokolade her. Was übrig blieb, schleppten sie blitzschnell in ihre Schlupflöcher. Sie hinterließen ein gewaltiges Chaos. Nach wenigen Minuten war das Spektakel vorbei. Noch in der gleichen Nacht wurden schachtfreie Landser geweckt, die die Schlupflöcher dick mit Beton zuschmierten. Außerdem wurden Fallen und eine Nachtwache aufgestellt.

Es hätte natürlich ein stabiles Kühlhaus gebaut werden müssen, wo wir auch Frischfleisch hätten abhängen lassen können. Eine Kühlmaschine hätte man aus Charkow beschaffen können, die Landser hätten die Finanzierung übernehmen können und die Russen wären auch einverstanden gewesen. Leider fanden wir keine Fachleute, die in der Lage gewesen wären, ein Kühlhaus zu bauen und eine Kühlmaschine ordnungsgemäß zu installieren. So wurde die Idee wieder begraben. Die Ratten kamen übrigens immer wieder. Sie schafften es sogar, dicken Beton durchzunagen, um an die Lebensmittel heranzukommen.

Heimkehr

Der Sommer 1949 wurde sehr heiß. Wir gingen unserer Arbeit nach und warteten auf ein Zeichen für die Heimkehr. Plötzlich, ich war gerade von der Frühschicht zurückgekehrt, ertönte der Befehl: „Alles, was zwei Beine hat, antreten zum Appell." Sogar die ausrückende Schicht wurde zurückgepfiffen! Die gesamte Obrigkeit war versammelt und Kapitän Stichenko verkündete, dass alle deutschen Kriegsgefangenen ab sofort von der Arbeit freigestellt seien und das Lager nicht mehr verlassen dürften. Wir würden alle innerhalb der nächsten 14 Tage aus der Gefangenschaft entlassen. Na, das war ein Ding, wir konnten es nicht fassen! Wir durften tatsächlich noch erleben, lebendig und gesund entlassen zu werden. Ein unbeschreiblicher Jubel brach aus. Wir fielen uns gegenseitig in die Arme – auch die Russen verschonten wir nicht. Welch ein Glücksgefühl, welche Freude! Dann wurde uns der Termin mitgeteilt: Am 14. September 1949, dem Geburtstag meiner Mutter, würden wir verladen werden.

Einige Tage später wurde es im Lager sehr lebendig. Lkws mit Dutzenden von Landsern kamen im Lager an. Sie waren recht schäbig gekleidet und mit kleinen, selbst gefertigten Holzköfferchen bewaffnet. So standen sie geordnet da und schauten uns, bestens angezogen und gepflegt und mit inzwischen nachgewachsenen Haaren, neidisch an. Es waren ehemalige SS-Soldaten, die aus den sogenannten Regime-Lagern kamen und die bei uns Zwischenstation machten. Die Unterbringung für einige Nächte war von den Russen vorbereitet.

Im Laufe der nächsten Tage ließ ich mir erzählen, wie es den ehemaligen SS-Leuten ergangen war. Es war offensichtlich, dass sie nicht in dem guten körperlichen Zustand waren wie wir. Das lag auch daran, dass sie immer im Freien arbeiten mussten, wo sie zu allen Jahreszeiten dem Wetter in der Ukraine und dem Ural ausgesetzt waren. Wir dagegen arbeiteten unter Tage immer bei gleichmäßigen Temperaturen. Außerdem war die Behandlung in den Regime-Lagern eine sehr viel strengere als bei uns. Die meisten von ihnen waren regulär zur Waffen-SS befohlen worden – sie fühlten sich in keiner Weise als grausame Gesellen oder Schlächter. Wen interessierte das heute noch? Wir alle waren Befehlen gefolgt und nun durften wir endlich nach Hause fahren!

Am Morgen des 14. September 1949 war es endlich soweit. Wir wurden aus dem Lager geführt und nahmen Aufstellung rund um verschiedene Tische, die man ins Freie gebracht hatte und an denen russische Offiziere Platz genommen hatten. Die Tische lagen voller Akten und es begann der Aufruf der Nachnamen in alphabetischer Reihenfolge. Der Aufgerufene musste sich lauthals melden, an den Tisch treten und seinen Nachnamen, den Vornamen und den Vornamen des Vaters heraussprudeln. Es war mucksmäuschenstill. Die Offiziere verglichen die Angaben, machten Gesichtskontrolle und überreichten dem ehemaligen Kriegsgefangenen die Entlassungsurkunde, die in russischer Sprache mit kyrillischen Buchstaben ausgestellt und mit einem amtlichen Stempel der Sowjetunion versehen war. Die Prozedur zog sich in die Länge und schließlich wurde mein Name aufgerufen. Ich nannte sämtliche Namen und wollte gerade meine Entlassungspapiere in Empfang zu nehmen, als plötzlich ein älterer Mann neben mir stand und den Russen erzählte, dass er Karl Kull aus Stuttgart sei, sein Vater Wilhelm hieße und er im Jahre 1919 geboren wäre. Es entstand das vollkommene Chaos. Meine Kumpel riefen: „Weg mit dem Kerl, das ist der Falsche." Die Wache kam gelaufen und führte Karl Kull aus Stuttgart an seinen Platz zurück. Der ließ sich jedoch gar nicht beruhigen und schrie ununterbrochen, dass er derjenige wäre, der nach Hause fahren dürfe und nicht ich. Die Russen zogen sich zur Beratung zurück. Eine halbe Stunde später hatten sie sich tatsächlich für den Stuttgarter entschieden, und zwar mit der Begründung er wäre älter als ich und hätte Frau und drei Kinder in der Heimat. An der Schwelle zur Freiheit stand ich da wie ein begossener Pudel. Doch der liebe Gott hatte ein Einsehen und schickte mir den rettenden Engel in Form unseres Lagerführers Fritz Schneider, der sich einschaltete und die Russen davon überzeugte, dass ich seit Jahren zum Stamm dieses Lagers gehörte. Der Kriegsgefangene aus Stuttgart käme aus einem Regime-Lager. Der Reihenfolge nach wäre ich der richtige Mann. Schließlich würden zuerst die Gefangenen aus Colodno Balka abgefertigt werden und dann erst die Kameraden aus den Regime-Lagern. Der Stuttgarter hatte einfach die Nerven verloren und damit das Durcheinander verursacht. Später entschuldigte er sich bei mir. Soweit ich mich erinnere, ist er gesund nach Hause gekommen.

Gegen Abend wurden wir verladen. Die Ausstattung der Güterwagen war schlicht, doch aus hygienischer Sicht durchaus annehmbar. Hauptsache wir konnten auf Strohsäcken schlafen und hatten genug zu essen. Die Heimreise dauerte unglaubliche 14 Tage. Auf einem Abstellgleis warteten wir, bis sich der Transport kurz vor Mitternacht in Bewegung setzte. Am Anfang fuhren wir sehr langsam und immer nur nachts. Die Tage verbrachten wir auf irgendwelchen Abstellgleisen in der Nähe kleiner ukrainischer Siedlungen. Zur Bevölkerung durften wir keinen Kontakt aufnehmen. Unser russischer Lagerkommandant Kapitän Igor Stichenko machte sein Versprechen wahr, er begleitete uns bis zur polnischen Grenze nach Brest Litowsk, wo wir nach zehn langweiligen Tagen eintrafen. Dort wünschte er uns eine gesunde Heimkehr, wofür er sowohl aufrichtigen Beifall als auch Pfiffe bekam. Einige Landser riefen: „Wir kommen wieder!" Dann wurden wir gefilzt. Das Mitführen von russischem Geld war streng verboten und wer erwischt wurde, konnte die weitere Heimfahrt vorerst vergessen. Ich kann mich nicht erinnern, dass aus Colodno Balka jemand von der Heimfahrt ausgeschlossen wurde. Wir verließen die russischen Waggons und wechselten in einen polnisch-deutschen Personenzug über. Die russische Eisenbahn hatte eine breitere Spur als die polnische.

Die Fahrt ging jetzt deutlich zügiger voran. Über Warschau gelangten wir nach Frankfurt an der Oder, wo wir von deutschen Landsleuten der sowjetischen Besatzungszone in Empfang genommen, gefilzt, registriert und aufgeteilt wurden. Die Wenigen, die in der Ostzone blieben, wurden mit viel Jubel, Umarmungen und Küssen begrüßt, während man uns aus dem Westen eher kühl begegnete. Immerhin hat man schnellstens dafür gesorgt, dass wir in steinalten Dritter-Klasse-Eisenbahnwagen der ehemaligen Reichsbahn auf den Weg gebracht wurden. Am Abend des 26. September 1949 kamen wir hundemüde in Eisenach an. Am Bahnhof begrüßten uns nette Mädchen und Jungen der FDJ und brachten uns in unser Quartier, einer sehr gut hergerichteten Turnhalle. Hier verbrachten wir eine Nacht.

Am nächsten Tag hatten wir Gelegenheit, die Wartburg zu besuchen, wo man uns ebenfalls mit ausgesuchter Freundlichkeit begegnete. Vielleicht wollte ja der eine oder andere Kamerad in der kommunistischen Zone bleiben, anstatt in den Westen zu gehen. Es meldete sich jedoch keiner – im Gegenteil. Eines der etwa 17-jährigen FDJ-Mädchen fragte mich, ob ich sie mit in den Westen nehmen könne. Leider konnte ich dem Wunsch des jungen Mädchens nicht nachkommen, es hätte ja auch eine Falle sein können. Das Mädel tat mir leid.

Am frühen Abend des gleichen Tages konnten wir weiterfahren. Mit dem Personenzug ging es über die Zonengrenze in das Auffanglager Bad Hersfeld! Ein Traum war Wirklichkeit geworden. Den dortigen Empfang werde ich nie vergessen. Wir waren außer uns vor Freude, endlich, nach den langen Jahren wieder heimatlichen Boden betreten zu dürfen. Noch in der Nacht rief ich meine Eltern in Frankfurt an. Die kommende Nacht verbrachten wir nach ewig langer Zeit in richtigen, schönen, weichen Betten. Am nächsten Morgen, nach dem Frühstück, wurde ich per Lautsprecher ausgerufen, um auf der Wache zu erscheinen. Dort wartete ein Herr Luis Müller auf mich, ein guter Freund meines Vaters. Er drückte mir als Willkommensgruß einen neuen Fünfmarkschein in die Hand, damit ich im Lager ein paar Kleinigkeiten kaufen konnte. Ich freute mich riesig und bedankte mich mit einer spontanen Umarmung. Luis Müller war mit einem Lkw der GEG-Einkaufsgenossenschaft in Nordhessen unterwegs, um Lebensmittel auszuliefern. Er hatte erfahren, dass der älteste Sohn seines Freundes Wilhelm Kull als Spätheimkehrer im Lager Bad Hersfeld eingetroffen war, und entschloss sich kurzfristig, einen kleinen Abstecher zu machen. Ich war ihm bis zu seinem Ableben freundschaftlich verbunden.

Die zweite Überraschung sollte nicht lange auf sich warten lassen. Um die Mittagszeit wurde ich wieder ausgerufen und jetzt nahmen mich meine Eltern in Empfang. Es flossen viele Freudentränen. Ein Bekannter meiner Eltern, der in Frankfurt ein Mietwagengeschäft betrieb, stellte sich und seinen neuen Mercedes 170 für die Fahrt nach Bad Hersfeld zur Verfügung. Nach einem kurzen Imbiss holte ich mein kleines Gepäck: Ein bescheidenes Holzköfferchen, Marke Eigenbau aus der Schreinerei des Lagers, gefüllt mit Waschzeug, einigen Pflegeutensilien und wenig Bekleidung. Ich durfte mit Mutter auf dem Rücksitz des schönen Autos Platz nehmen. Mutter war so aufgeregt, dass sie keinen Ton herausbrachte. Sie wusste in dieser Situation überhaupt nicht, was sie mit mir reden sollte. Auch mir hatte es die Sprache verschlagen. Damit ich nicht friere, wurden meine Beine in neue, warme Decken gehüllt und los ging die Fahrt über die leere Autobahn nach Frankfurt am Main. Der 28. September 1949 war ein wunderschöner Tag, blauer Himmel und strahlender Sonnenschein. Zwei Stunden später trafen wir vor unserem Einfamilienhäuschen in der Bischofsheimerstrasse 30 ein. Ich konnte es gar nicht fassen, nach über sechs Jahren wieder zu Hause zu sein. Mein Bruder Willi, Cousine Dorle und deren Gatte Heinz Schade warteten schon auf mich. Außerdem war da noch ein besonderer Gast anwesend, über den ich mich ganz besonders freute. Es war mein ehemaliger Flak-Kamerad Karl Gies aus Frankfurt-Fechenheim. Er hatte in Sewastopol den Heimatschuss erhalten. Bei russischem Artilleriebeschuss hatte sich ihm ein Granatsplitter in die rechte Schulter gebohrt. Er hatte das Glück, schwer verwundet als einer der letzten Landser mit einer JU 52 von der Krim ausgeflogen zu werden.

Meine frühere Freundin Irma Hopp erwartete mich nicht. Sie rief mich später an. Sie hatte während meiner Gefangenschaft ohnehin nichts von sich hören lassen, obwohl sie meine Gefangenen-Anschrift von meinen Eltern hätte erhalten können. Ich traf sie noch ein Mal zu einer Aussprache – sie hatte inzwischen eine andere Beziehung, wofür ich volles Verständnis hatte – dann trennten sich unsere Wege für immer.

In den nächsten Tagen schlief ich mich erst mal richtig aus und ließ mich von Mutter verwöhnen. Ich besuchte Verwandte und Bekannte und feierte ein wenig. Dann begannen die Ämterlauferei, das Beschaffen neuer Papiere und der Antrag auf Entnazifizierung. Jeder zurückgekehrte Kriegsgefangene aus der Sowjet-Union musste vor der amerikanischen Besatzungsbehörde erscheinen. Also fuhr ich mit dem Zug nach Wiesbaden und ließ mich einen Tag lang von mehreren CIA-Beamten verhören, was zwar sehr anstrengend aber auch interessant für mich war. Bemerkenswert war die Überprüfung der russischen Entlassungspapiere, die wurden nämlich ganz besonders unter die Lupe genommen. Meinen Aufenthalt in Wiesbaden habe ich dann noch zu einem Verwandtenbesuch genutzt. Meines Vaters jüngster Bruder, Onkel Anton, und dessen Ehefrau, Tante Ema, lebten mit Cousine Edith seit einiger Zeit im Cheruskerweg. Meine Eltern hatten mich schon angekündigt und es war eine besondere Freude für mich, die Verwandtschaft wiederzusehen. Meine Cousine war mit dem amerikanischen Stabsfeldwebel Julius Duhe verheiratet, Söhnchen Ronald war auch schon auf der Welt. Julius war ein hervorragender Mann, der auf dem Flughafen Wiesbaden-Erbenheim seinen Dienst versah. Später zog Edith mit Ihrer Familie nach New Orleans in die USA, wosie noch eine Tochter gebar.

Vater stellte mir, da ich praktisch keine Bekleidung besaß, eine stattliche Summe DM zur Verfügung. Damit fuhren Mutter und ich mehrmals mit der Straßenbahn in die Stadt, wo wir das Notwendigste an Kleidung und Gebrauchsgegenständen für mich einkauften. Bei dem im vornehmen Westend arbeitenden Schneidermeister Kirchner gab ich zwei Maßanzüge in Auftrag. Nach wenigen Tagen konnte ich die Prachtstücke in Empfang nehmen. Damit begann ein neues Leben – ich hatte überlebt.

Nachwort

Vom Tag der Gefangennahme, dem 12. Mai 1944 bis zum Tag meiner Heimkehr, dem 28. September 1949, waren 5 Jahre, 4 Monate und 17 Tage vergangen.

Infolge der Kriegswirren und des überstürzten Rückzuges der verbliebenen deutschen Krim-Streitkräfte wurde keine Feldpost mehr zugestellt. Somit dürfte alles verloren gegangen bzw. den Russen in die Hände gefallen sein. Darunter sind vermutlich auch alle Bilder und Fotos, die ich seinerzeit nach Lemberg gebracht hatte. Der nette deutsche Flak-Obergefreite mit dem Menjou-Bärtchen, der in Lemberg die polnische Schönheit zur Braut hatte, wurde noch zu meiner Zeit nach Sarabus versetzt. Er soll noch auf der Krim gefallen sein.

Leutnant Heribert Steeg wurde auf der Krim schwer verwundet. Wie ich hörte, hatte man ihm das halbe Gesicht weggeschossen – er soll allerdings nach Hause gekommen sein.

Danksagung

Einen herzlichen Dank an meine Tochter Gaby Kull-Neujahr und meinen Schwiegersohn Harald Neujahr für ihre umfangreichen Vorarbeiten und Sichtung meiner Erinnerungen. Sie waren mir eine Unterstützung, auf die ich nicht verzichten konnte, und haben durch ihre Beiträge die Veröffentlichung meines Buches ermöglicht.

Personenregister

Name

Schimana, Wachtmeister (Südtirol)
Schlösser, Paul
Schmitt, Paul, der Bauchredner
Schneider, Fritz
Schwenker, Matthias
Stachina, der Feldwebel
Steeg, Heribert (Krefeld)
Steinmetz, Oberleutnant (Hamburg)
Stichenko, Igor
Stoiber, Sepp (München)
Stricker, Karl (Frankfurt/M.)
Sulzer, Hans (München)
Täubner, Hans (Dresden)
Trabert, Ernst
Ulzheimer, Heinz
v. Grawert, Wolfgang
Wagenführ, Herbert (Bad Soden)
Wagner, Hans
Walke, Heinz
Wallach, Robert (Gleiwitz)
Wutz, Heinrich (Wien)